"十三五"国家重点图书出版规划项目
自动驾驶技术系列丛书

自动驾驶
系统设计及应用

余贵珍 周彬 王阳 周亦威 白宇 ◎ 编著

清华大学出版社
北京

内 容 简 介

当前世界各国均已开展了汽车自动驾驶相关研究,从政府的支持倡导,到企业的热情参与,再到高校的前沿探索,尤其是近年深度学习的发展,都促使自动驾驶技术和产业迅猛提升。同时社会上出现了自动驾驶人才供不应求的局面,亟须培养大量专业技术人员。

本书内容涵盖了"自动驾驶系列丛书"其他5册的相关内容,系统地介绍了自动驾驶系统架构、自动驾驶安全设计、车辆总线及通信技术、自动驾驶测试与评价以及自动驾驶技术的实现和应用等几部分。可为具备一定自动驾驶基础知识的读者提供自动驾驶车辆设计和开发指导。

本书可以作为高等院校车辆工程、交通工程专业和自动驾驶专业在校学生的教材,也可供从事自动驾驶汽车相关专业的工程技术人员使用和参考。

本书封面贴有清华大学出版社防伪标签,无标签者不得销售。
版权所有,侵权必究。举报: 010-62782989, beiqinquan@tup.tsinghua.edu.cn。

图书在版编目(CIP)数据

自动驾驶系统设计及应用/余贵珍等编著. —北京: 清华大学出版社,2019(2022.7重印)
(自动驾驶技术系列丛书)
ISBN 978-7-302-53785-4

Ⅰ.①自… Ⅱ.①余… Ⅲ.①汽车驾驶—自动驾驶系统 Ⅳ.①U463.8

中国版本图书馆 CIP 数据核字(2019)第 199915 号

责任编辑: 黄　芝
封面设计: 刘　键
责任校对: 白　蕾
责任印制: 朱雨萌

出版发行: 清华大学出版社
网　　址: http://www.tup.com.cn, http://www.wqbook.com
地　　址: 北京清华大学学研大厦 A 座　　邮　编: 100084
社 总 机: 010-83470000　　邮　购: 010-62786544
投稿与读者服务: 010-62776969, c-service@tup.tsinghua.edu.cn
质量反馈: 010-62772015, zhiliang@tup.tsinghua.edu.cn
课件下载: http://www.tup.com.cn, 010-83470236

印 装 者: 三河市龙大印装有限公司
经　　销: 全国新华书店
开　　本: 185mm×260mm　　印 张: 10.75　　字 数: 262 千字
版　　次: 2019 年 12 月第 1 版　　印 次: 2022 年 7 月第 8 次印刷
印　　数: 15501～17500
定　　价: 59.80 元

产品编号: 083015-01

丛书编写委员会

主　　编：王云鹏　李震宇
副 主 编：陈尚义　邓伟文　吕卫锋
执行主编：杨世春　杨晴虹　蒋晓琳
参　　编：（按姓氏拼音排列）

白　宇	鲍万宇	鲍泽文	蔡仁澜	曹耀光	陈博文
陈东明	陈竞凯	陈　卓	段　旭	冯宗宝	付骁鑫
傅轶群	郝大洋	胡　星	华　旸	黄　坚	黄科佳
黄新宇	李洪业	李　明	李晓欢	李晓辉	刘盛翔
柳长春	路　娜	马常杰	马　或	毛继明	芮晓飞
佘党恩	申耀明	宋　国	宋适宇	唐　欣	唐　盈
陶　吉	万国伟	万　吉	王　建	王　健	王　军
王　亮	王亚丽	王　阳	王煜城	夏黎明	夏添
肖　赟	谢远帆	辛建康	邢　亮	徐国艳	闫　森
杨　镜	杨睿刚	杨晓龙	余贵珍	云　朋	翟玉强
张　辉	甄先通	周　彬	周　斌	周绍栋	周　珣
周　尧	周亦威	朱振广			

序言

随着我国工业化、城镇化和机动化进程的不断加快,伴随而来的道路交通事故频发、城市交通拥堵加剧和环境污染等一系列问题日益凸显,不仅给人们出行和城市发展,乃至我国经济、社会和环境的可持续发展带来了严峻的挑战,也严重阻碍了我国汽车工业的持续健康发展。步入汽车社会不久的中国已经被交通安全、城市拥堵、大气污染、土地空间和能源短缺等诸多问题严重困扰,这些问题成为制约我国经济与社会发展、城镇化进程和汽车工业发展的主要因素。

以现代智能汽车为核心,基于人工智能、互联网、大数据和云计算技术,具有高度智能化的人、车、路、网、云和社会一体化的新型智能交通系统是解决这一矛盾的根本途径。通过对道路交通信息和车载环境感知信息的高度融合、通过大系统建模,实现对交通和车辆的动态实时规划,集成控制道路交通设施和车辆行驶,实现以安全、畅通、高效和绿色交通为目标的道路交通流量、流速和流向的最优化,智能汽车是其核心单元。

智能汽车是汽车电子信息化和智能化的现代高科技产物,是集环境感知、规划决策和控制执行等功能于一体的现代运载工具和移动信息处理平台,具有典型的多学科和跨学科特点,它既是传统技术的继承与发展,又是许多新兴科学技术应用的结晶。开展智能汽车从基础理论到关键技术的研究,特别是人工智能技术的应用,对于提升汽车技术、加强传统技术与现代电子信息和人工智能技术的深度融合具有十分重要的意义。这也是本丛书的出发点和立意所在。

汽车自动驾驶技术,以及未来与车联网结合实现的智能网联技术,高度融合了现代环境传感、信息处理、通信网络、运动控制等技术,以实现安全可靠的自动驾驶为目标。特别是近年来以深度学习为代表的人工智能技术,不仅成为引领这一轮科技革命和产业变革的战略性技术,而且在包括汽车自动驾驶在内的许多领域凸显其技术优势,为推动汽车自动驾驶技术的发展与大规模产业化奠定了关键的技术基础。深度学习通过构建多隐层模型,通过数据挖掘和海量数据处理,自动学习数据的特征、内在规律和表示层次,从而有效地解决汽车自动驾驶中许多复杂的模式识别难题。随着深度学习理论和算法的不断发展,可以预期许多新的技术还将不断涌现或完善,以提高深度学习的计算效率和识别、预测的准确性,从而为深度学习乃至人工智能技术在汽车自动驾驶领域的广泛且深入应用开辟更为广阔的应用前景。本丛书对此作了较为详尽的介绍,这也是其新颖之处。

百度作为一家具有过硬搜索技术的互联网公司,也在人工智能和无人驾驶等领域形成了具有重要国际影响力的技术优势。百度也是我国互联网造车势力中的重要代表力量,早在2013年就开始了无人驾驶汽车项目,近年来更是取得了令世界瞩目的进展和成果。其开发的以开放性著称、面向汽车自动驾驶行业合作伙伴的软件平台 Apollo 就是一个典范,为合作伙伴提供技术领先、覆盖范围广、超高自动化水准的高精地图、海量数据仿真引擎、深度学习自动驾驶算法等。本丛书对 Apollo 平台的介绍着笔不少,相信对从事汽车自动驾驶领域研究与应用的读者大有裨益。

这是一套共六册的关于汽车自动驾驶的系列丛书,由来自北京航空航天大学、百度等一批活跃在汽车自动驾驶理论研究与技术应用一线的中青年优秀学者和科研人员执笔撰写。它不仅涵盖的范围广泛,而且内容也十分丰富翔实。值得关注的是,它涉及的知识体系和应用领域已大大超越了传统的汽车领域,广泛地涵盖了电子信息、自动控制、计算机软硬件、无线通信、人工智能等在内的许多学科。它不仅是汽车自动驾驶的技术丛书,也是跨学科融合、多学科交叉的平台。这套丛书内容深入浅出、理论结合实践、叙述融合实例,各册彼此相对独立又相得益彰。作为教材或参考书,本丛书将为这个领域的教学与人才培养提供一个较好的选择,既为刚步入智能驾驶世界的读者开启一扇大门,也为深耕智能驾驶领域的科研和工程技术人员提供一套有价值的技术参考资料。

邓伟文　北京航空航天大学交通科学与工程学院院长

前言

自动驾驶技术为当前汽车领域研究的热点,是未来汽车工业发展的主流方向。其对交通运输业有着深远的影响。随着人工智能、传感检测等核心技术的不断突破和推进,自动驾驶必将更加智能化,同时也将应用到多个行业和产业中。自动驾驶是智能辅助驾驶发展的最高级形态,主要由感知、控制、执行三大部分组成。截至目前,世界各国整车厂、IT 公司和各大研究机构均推出了不同程度的辅助驾驶汽车技术,现有的自动驾驶技术研究主要基于乘用车和商用车等道路运输车辆。

车辆自动驾驶技术的最高形态——无人驾驶,已经不再遥远。世界主要强国纷纷聚焦自动驾驶关键技术,政府制定相关政策、法规,整车厂、互联网公司、高校研究所进行科技攻关。我国国家发展和改革委员会、工业和信息化部和科技部三部委在 2017 年 4 月联合发布了《汽车产业中长期发展规划》,其中提到:到 2020 年,汽车 DA(驾驶辅助)、PA(部分自动驾驶)、CA(有条件自动驾驶)系统新车装配率超过 50%,网联式驾驶辅助系统装配率达到 10%,满足智慧交通城市建设需求。到 2025 年,汽车 DA、PA、CA 新车装配率达 80%,其中 PA、CA 级新车装配率达 25%,高度自动驾驶和完全自动驾驶汽车开始进入市场。当前依托火热的人工智能技术,自动驾驶已取得了巨大突破,让自动驾驶距离我们的生活更近了一步。

随着自动驾驶的热潮,当前国内传统的整车厂、零部件供应商及各地研究院都主推自动驾驶相关业务,同时还涌现了一大批新兴的自动驾驶初创公司。但当前国内相关专业的人才稀缺,因此要保证国家自动驾驶技术发展需要重视对自动驾驶相关专业人才的培养。

本书为自动驾驶技术丛书中的第 6 册,属于技术汇总和应用介绍。主要从自动驾驶系统架构、自动驾驶安全设计、车辆总线及通信技术、自动驾驶测试与评价以及自动驾驶技术的实现和应用等几部分对自动驾驶技术进行介绍。本书面向想要从事或正在从事自动驾驶事业的技术人员,高校自动驾驶专业的本科生和研究生以及热爱自动驾驶技术的读者。

为适应自动驾驶事业迅猛发展的要求，北京航空航天大学开设了自动驾驶研究生专业。我们总结了近10年来教学和科研的经验，利用北京航空航天大学与国内外高校和汽车厂商的长期合作优势，联合百度公司共同编写了本书。

本书在编写过程中得到了来自百度公司和北京航空航天大学等高校的多位专家、老师、同学的参与和支持，包括北京航空航天大学的高哈尔、郭雅馨、李涵、刘蓬菲、聂志鹏、王章宇（按姓氏拼音排列），河北科技大学的白宇，北京联合大学的刘元盛，百度公司的鲍泽文、陈博文、傅轶群、胡星、刘盛翔、王亚丽、邢亮、云朋（按姓氏拼音排列）等。

由于编写时间短、编者水平有限加之经验不足，本书难免有疏漏和不足之处，恳请各位同行和读者批评指正。

编者于北京航空航天大学

2019年8月

目录

第 1 章 自动驾驶系统概述 　　1
1.1 自动驾驶系统架构 　　1
1.1.1 自动驾驶系统的三个层级 　　1
1.1.2 自动驾驶系统的基本技术架构 　　2
1.2 自动驾驶技术国内外发展 　　3
1.3 传感器技术 　　6
1.3.1 摄像头 　　6
1.3.2 毫米波雷达 　　7
1.3.3 激光雷达 　　8
1.4 导航与定位技术 　　9
1.4.1 卫星定位和捷联惯导组合定位技术 　　10
1.4.2 激光雷达点云和高精地图匹配定位技术 　　10
1.4.3 视觉里程算法的定位技术 　　11
1.5 高精地图技术 　　11
1.5.1 高精地图的定义 　　12
1.5.2 高精地图的特点 　　12
1.5.3 高精地图的制作 　　13
1.6 决策与控制技术概述 　　14
1.6.1 设计目标 　　14
1.6.2 系统分类 　　14
1.7 自动驾驶平台技术概述 　　17
1.7.1 英伟达(NVIDIA) 　　17
1.7.2 英特尔(Intel) 　　18
1.7.3 谷歌的 Waymo 　　18
1.7.4 特斯拉(Tesla) 　　18
参考文献 　　19

第 2 章 自动驾驶安全设计 　　20
2.1 系统功能与信息安全概述 　　20
2.1.1 汽车安全概述 　　20

2.1.2 汽车安全设计 ……………………………………………………… 24
2.2 智能驾驶的功能安全设计 ……………………………………………………… 27
　　2.2.1 功能安全与 ISO 26262 标准 ………………………………………… 27
　　2.2.2 功能安全设计 ………………………………………………………… 31
2.3 ASIL 分解与冗余功能安全 …………………………………………………… 38
2.4 其他相关安全标准与技术 ……………………………………………………… 41
　　2.4.1 预期功能安全与 SOTIF 标准 ………………………………………… 41
　　2.4.2 智能安全与责任敏感安全模型 ……………………………………… 43
　　2.4.3 信息安全与 J3061 标准 ……………………………………………… 44
　　2.4.4 其他标准 ……………………………………………………………… 45
2.5 智能驾驶安全设计案例 ………………………………………………………… 47
　　2.5.1 丰田(Toyota) ………………………………………………………… 47
　　2.5.2 通用汽车(General Motors) ………………………………………… 47
　　2.5.3 谷歌(Waymo) ………………………………………………………… 48
　　2.5.4 百度 …………………………………………………………………… 51
参考文献 ……………………………………………………………………………… 53

第 3 章　车辆总线及通信技术　　55

3.1 车辆电子电气架构技术 ………………………………………………………… 55
　　3.1.1 汽车电子电气技术 …………………………………………………… 55
　　3.1.2 汽车电子电气架构 …………………………………………………… 63
　　3.1.3 车载以太网 …………………………………………………………… 65
　　3.1.4 未来架构的一些特点 ………………………………………………… 73
3.2 自动驾驶域接口 ………………………………………………………………… 75
　　3.2.1 自动驾驶系统的硬件架构 …………………………………………… 76
　　3.2.2 自动驾驶域车内接口 ………………………………………………… 76
　　3.2.3 接口存在的问题 ……………………………………………………… 79
3.3 整车总线及线控技术 …………………………………………………………… 79
　　3.3.1 汽车总线技术 ………………………………………………………… 79
　　3.3.2 汽车线控技术 ………………………………………………………… 84
3.4 V2X 技术 ………………………………………………………………………… 85
　　3.4.1 V2X 概述 ……………………………………………………………… 85
　　3.4.2 通信机制 ……………………………………………………………… 87
　　3.4.3 我国 V2X 发展基础与现状 …………………………………………… 90
参考文献 ……………………………………………………………………………… 91

第 4 章　自动驾驶测试与评价　　93

4.1 国内网联车上路的测试政策 …………………………………………………… 93
　　4.1.1 测试主体要求 ………………………………………………………… 93
　　4.1.2 测试驾驶员要求 ……………………………………………………… 93

  4.1.3 测试车辆要求 ·········· 94
  4.1.4 交通事故处理程序 ·········· 94
 4.2 自动驾驶智能化指标评测体系 ·········· 95
  4.2.1 测试场景 ·········· 95
  4.2.2 仿真环境评价指标 ·········· 101
  4.2.3 道路测试指标 ·········· 103
  4.2.4 体感评价指标 ·········· 106
  4.2.5 国内外道路测试场 ·········· 106
 4.3 自动驾驶测试体系 ·········· 107
  4.3.1 实验室测试阶段 ·········· 108
  4.3.2 车辆在环测试 ·········· 110
  4.3.3 道路在环测试 ·········· 111
参考文献 ·········· 112

第5章　自动驾驶应用——自动驾驶小车　113

 5.1 自动驾驶小车概述 ·········· 113
  5.1.1 小车结构介绍 ·········· 114
 5.2 自动驾驶小车软硬件 ·········· 115
  5.2.1 自动驾驶小车系统架构 ·········· 115
  5.2.2 自动驾驶小车硬件结构 ·········· 117
  5.2.3 自动驾驶小车核心控制模块 ·········· 117
  5.2.4 时钟电路模块 ·········· 118
  5.2.5 电源管理模块 ·········· 120
  5.2.6 速度采集模块 ·········· 121
  5.2.7 电机驱动模块 ·········· 121
  5.2.8 自动驾驶小车通信模块 ·········· 122
 5.3 自动驾驶小车感知配置 ·········· 123
  5.3.1 超声波 ·········· 123
  5.3.2 视觉传感器 ·········· 124
  5.3.3 电磁感应 ·········· 124
 5.4 自动驾驶小车控制算法 ·········· 124
  5.4.1 PID控制算法简介 ·········· 124
  5.4.2 自动驾驶小车速度控制 ·········· 126
  5.4.3 自动驾驶小车方向控制 ·········· 128
 5.5 自动驾驶小车实验与测试 ·········· 131
  5.5.1 软件系统设计 ·········· 131
  5.5.2 电磁智能小车测试 ·········· 132
  5.5.3 摄像头智能小车测试 ·········· 133
参考文献 ·········· 134

第6章 复杂园区的低速无人驾驶技术及应用　135

- 6.1 复杂园区低速无人驾驶车的特点 …… 135
  - 6.1.1 运行环境不同带来的差异 …… 135
  - 6.1.2 成本要求不同带来的差异 …… 137
  - 6.1.3 感知及决策逻辑特点不同带来的差异 …… 139
- 6.2 复杂园区低速无人驾驶车辆示例 …… 140
  - 6.2.1 "小旋风"低速系列无人车平台介绍 …… 140
  - 6.2.2 "小旋风"第四代低速无人巡逻车介绍 …… 141
  - 6.2.3 "小旋风"第四代低速无人巡逻车软件体系分析 …… 143
- 6.3 基于激光雷达 SLAM 的复杂园区定位方式 …… 144
  - 6.3.1 激光雷达 SLAM 的基本原理 …… 144
  - 6.3.2 基于激光雷达的 SLAM 技术在北京联合大学校区无人车的应用 …… 147
- 6.4 复杂园区无人驾驶车辆应用实例分析 …… 150
  - 6.4.1 北京动物园夜间巡逻案例 …… 150
  - 6.4.2 北京联合大学"旋风巴士"接驳车 …… 155

参考文献 …… 159

第1章 自动驾驶系统概述

1.1 自动驾驶系统架构

汽车自动驾驶技术,是依靠计算机与人工智能技术在没有人为操纵的情况下,完成完整、安全、有效的驾驶汽车的一项前沿技术。在 21 世纪,由于汽车用户的不断增加,道路交通面临的拥堵、安全事故等问题越发严重。自动驾驶技术在车联网技术和人工智能技术的支持下,能够协调出行路线与规划时间,从而大幅度提高出行效率,并在一定程度上减少能源消耗,同时还能帮助避免醉驾、疲劳驾驶等安全隐患,减少驾驶员失误,提升安全性。汽车自动驾驶也因此成为各国近年来的一项研发重点[1]。

1.1.1 自动驾驶系统的三个层级

图 1.1 所示为自动驾驶的典型系统架构,主要包括环境感知、决策规划和运动控制三大部分。

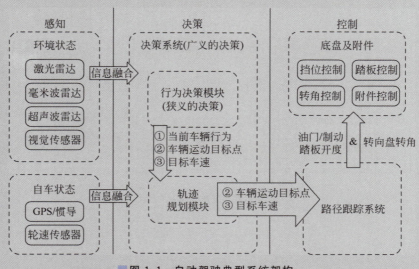

■ 图 1.1 自动驾驶典型系统架构

感知层用来完成对车辆周围环境的感知识别,主要目的是获取并处理环境信息。汽车自动驾驶常用传感器主要包括摄像头、毫米波雷达、激光雷达、超声波雷达、红外夜视,以及用于定位和导航的 GPS(全球定位系统)和 IMU(惯性测量单元)。还有一类技术虽然不是主动式的探测元件,但是属于协同式的全局数据辅助,可以扩展智能车的环境感知能力,在感知层同样扮演着不可或缺的角色,包括高精度地图、V2X 车联网技术。每种类型的感知技术都有自己的优势和弊端,将它们进行融合达到优势互补,最终使智能车在各种驾驶场景达到高安全性要求,从而将感知层数据处理后发送给决策层[2]。

决策层是人工智能真正发挥威力的部分,和人类驾驶员一样,机器在做驾驶决策时需要回答几个问题:我在哪里?周边环境如何?接下来会发生什么?我该做什么?决策层具体来说分为两步:第一步是认知理解,根据感知层收集的信息,对车辆自身的精确定位,对车辆周围的环境的准确判断;第二步是决策规划,包含对接下来可能发生情况的准确预测,对下一步行动的准确判断和规划,选择合理的路径达到目标[3]。通过这两步使无人驾驶车产生安全、合理的驾驶行为,指导运动控制系统对车辆进行控制。行为决策系统是狭义的决策系统,其根据感知层输出的信息合理决策出当前车辆的行为,并根据不同的行为确定轨迹规划的约束条件,指导轨迹规划模块规划出合适的路径、车速等信息,发送给控制层。

控制层离不开和车载控制系统的深度集成,真正的自动驾驶必须将决策控制信息与车辆底层控制系统深度集成,通过线控技术完成执行机构的电控化,达到电子制动、电子驱动和电子转向,并控制车辆响应,保证控制精度,对目标车速、路径等进行跟踪[4]。

1.1.2 自动驾驶系统的基本技术架构

自动驾驶的基本技术架构如图 1.2 所示,基本分为车载系统和云端系统两部分。

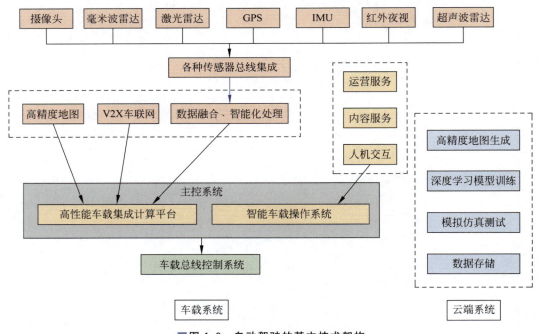

■图 1.2 自动驾驶的基本技术架构

1. 车载系统

感知层通过各种类型的传感器采集、接收的数据，通过总线进行集成，再通过数据的融合和智能化处理，输出自动驾驶所需的环境感知信息。车载传感器的优化配置，可以在保证精度和安全性的基础上，降低整体成本。

主控系统由硬件部分高性能车载集成计算平台和软件部分智能车载操作系统组成。计算平台融合了传感器、高精度地图、V2X 的感知信息进行认知和决策计算，硬件处理器可以有 GPU、FPGA、ASIC 等多种选择。智能车载操作系统融合了车内人机交互、运营服务商、内容服务商的数据，为乘客提供个性化服务，真正把智能车变成下一个互联网入口，目前的主流操作系统包括 Android、Linux、Windows、QNX 等。

最后，主控系统的信息进入车载总线控制系统，完成执行动作。

2. 云端系统

自动驾驶车辆是一个移动系统，需要云平台来提供支持。云端主要完成 4 个功能。

（1）数据存储：智能车路测中实采的数据量非常大，需要传输到云端进行分布式存储。

（2）模拟仿真测试：开发的新算法在部署到车上之前会在云端的模拟器上进行测试。

（3）高精度地图生成：地图的生成采用众包形式，把每辆在路上行驶的智能车实时采集到的激光点云或视觉数据上传至云端，实现高精度地图的完善和更新。

（4）深度学习模型训练：自动驾驶的决策层使用了多种不同的深度学习模型，对于没有出现过的情况无法处理，因此需要持续不断地通过新数据进行模型训练，来提升算法的处理能力。由于训练的数据量非常大，所以要在云端完成。

1.2 自动驾驶技术国内外发展

在 21 世纪之前，自动驾驶都只在实验阶段，虽然自动驾驶的概念最早在 1969 年就被提出，但实体应用直到 21 世纪初才得到初步实现。

2013 年，美国国家公路交通安全管理局（NHTSA）率先发布了自动驾驶汽车的分级标准，将汽车的自动化分为特定功能自动化、部分自动化、有条件自动化、完全自动化 4 级。美国汽车工程师协会（SAE）于 2014 年在 NHTSA 的自动驾驶汽车分级标准的基础上发布了 SAE J3016 标准。这两个标准在某种程度上有一定的相似之处（见表 1.1），都是依据汽车本身能否控制一些关键的驾驶功能来区分自动驾驶和非自动驾驶。但是，SAE 对自动驾驶的分级说明更为详细，所以在世界范围内的应用更广，美国政府更是把 SAE 制定的自动驾驶分级标准作为自动驾驶联邦指导方针中的公认标准[5]。

SAE 制定的自动驾驶分级标准中将自动驾驶技术分为 0～5 级，分别对应完全人类驾驶、辅助驾驶、部分自动驾驶、有条件自动驾驶、高度自动驾驶以及完全自动驾驶。其中，0 级系统是完全由驾驶员进行驾驶，为了提高系统的主动安全性，配备有 LDW（车道偏离预警）、FCW（前向碰撞预警）、BSD（盲点监测）及 TSR（交通标志识别）等报警系统，车辆控制、环境监测和系统回应的主体都是驾驶员；1 级系统可以辅助驾驶员完成某些驾驶任务，例如现在许多车上搭载的自适应巡航系统（ACC）便能辅助驾驶员实现车辆的纵向运动控制，车道保持系统（LKAS）可以通过控制电子转向系统辅助驾驶员对车辆的横向运动进行控制;2级系统可以同时对车辆进行横向和纵向控制,例如泊车辅助系统,在此级别中驾驶员需要监测周围环境,在系统做出错误判断时能够及时纠正系统并接管系统;3级系统是有条件的自动驾驶,系统能代替驾驶员完成某些驾驶任务并完成部分环境监测功能,但驾驶员需要在系统发出请求时及时重获驾驶控制权;4级系统是高度的自动驾驶,车辆控制、环境监测和系统回应的主体都是系统,但也有驾驶员控制车辆的模式;5级系统是完全自动驾驶,即实现无人驾驶。SAE除了对每级对应的详细功能进行了描述,还着重强调了动态驾驶这一分级指标,通过对动态驾驶任务的执行者进行分别定义,细化了自动驾驶汽车的智能程度。

自动驾驶系统分级标准如表1.1所示。

表1.1 自动驾驶系统分级

SAE 分级	NHTSA 分级	SAE 命名	功能			区域	
			驾驶主体	感知接管	监控干预	道路条件	环境条件
Level 0	Level 0	完全人类驾驶	人	人	人	任何	任何
Level 1	Level 1	辅助驾驶	人|机器	人	人	限定	限定
Level 2	Level 2	部分自动驾驶	机器	人	人	限定	限定
Level 3	Level 3	有条件自动驾驶	机器	机器	人	限定	限定
Level 4	Level 4	高度自动驾驶	机器	机器	机器	限定	限定
Level 5		完全自动驾驶	机器	机器	机器	任何	任何

NHTSA的分级制度根据自动驾驶系统的功能(驾控主体、感知接管、监控干预)和使用区域(道路条件、环境条件)将自动驾驶汽车分4级,每一层级说明如下。

Level 4——完全自动驾驶:该级汽车的驾控主体为机器,在任何道路、环境条件下,由自动驾驶系统完全自动控制车辆,乘坐人员只需输入目的地,系统自动规划路线,检测道路环境,最终到达目的地。

Level 3——有条件自动驾驶:该级汽车的驾控主体为机器,在限定道路、环境条件下,汽车能够让驾驶员完全不用控制汽车,而且可以自动检测环境的变化以判断是否返回驾驶员驾驶模式,驾驶员不需要一直对系统进行监视,但仍需在紧急情况下进行人工干预。

Level 2——部分自动驾驶:该级汽车的驾控主体为机器,在限定道路、环境条件下,汽车具有横、纵两个方向上控制功能融合在一起的系统,不需要驾驶员对这些功能进行控制,但驾驶员仍需要一直对周围环境感知,并监视系统情况,准备在紧急情况下进行人工干预。

Level 1——辅助驾驶:该级汽车的驾控主体为驾驶员和机器,在限定道路、环境条件下,汽车具有一个或多个特殊自动控制功能,例如自适应巡航系统(ACC)、车道保持系统(LKAS)等,但感知接管、监控干预仍需驾驶员完成。

Level 0——完全人类驾驶:该级汽车的驾控主体为驾驶员,在任何道路、环境条件下,由驾驶员进行感知、操纵、监控,包括方向盘、油门踏板、制动踏板。

目前,市面上使用的自动驾驶汽车大都在第2级即"部分自动驾驶"阶段。目前尽管国外很多公司都声称已在实验阶段达到第3级,而广泛应用却需达到4级。

德国联邦公路研究所(BASt)将自动驾驶技术的发展划分为5个阶段[6]:只有驾驶员控制车辆、驾驶辅助、部分自动驾驶、高度自动驾驶以及完全自动驾驶,分别对应SAE标准的第0~5级。该标准描述了汽车在不同自动化级别时可能产生的法律后果,便于自动化法规制定的引用。

为了弥补国内在自动驾驶分级定义标准方面的缺失,中国汽车工程学会提出了中国第一版自动驾驶分级定义标准。其中,将汽车的自动化等级分为驾驶辅助、部分自动化、有条件自动化、高度自动化及完全自动化5级,并对每一级别适用的工况进行了详细说明。与国外制定的自动驾驶分级标准的不同之处在于,中国汽车工程学会还对汽车的网联化进行了分级,强调了网联技术在自动驾驶领域的应用。

目前,国内外许多主机厂开始打破传统思维,转向智能网联汽车的研究。国内主机厂从第0级开始逐步研究;相比来说,国外主机厂进展比较快,部分主机厂已经能做到第1级和第2级。从第1级到第2级过渡的难点在于控制策略的选取,以及不同传感器的融合控制。如何将现有不同传感器感知的信息进行筛选,同时对车辆进行横向和纵向的控制,都是当前需要解决的问题,各主机厂还有很长的路要走。相比于传统主机厂,一些互联网公司(如谷歌、百度等)在控制策略和高精度地图等方面有较大的优势,通过与传统主机厂的合作,基本策略可以达到第4级。

国际上,各国纷纷将2020年作为重要时间节点,希望届时实现自动驾驶汽车全面部署。美国在州层面积极进行自动驾驶立法,截至2016年底,16个州通过相关法案或行政令,明确测试条件和要求,允许企业在州层面展开路面测试。德国政府2015年已允许在连接慕尼黑和柏林的A9高速公路上开展自动驾驶汽车测试项目,交通运输部门于2017年3月向柏林的Diginet-PS自动驾驶试点项目发放补贴,用于开发处理系统并提供自动驾驶的实时交通信息。日本Nissan公司已经在东京、硅谷和伦敦测试了旗下的自动驾驶汽车LEAF,希望尽快积累安全测试记录。韩国目前已颁发13张自动驾驶测试许可,计划于2020年前商业化3级自动驾驶汽车。

我国工业和信息化部于2016年在上海开展上海智能网联汽车试点示范;在浙江、北京、河北、重庆、吉林、湖北等地开展"基于宽带移动互联网的智能汽车、智慧交通应用示范",推进自动驾驶测试工作。北京已出台智能汽车与智慧交通应用示范5年行动计划,计划在2020年底完成北京开发区范围内所有主干道路智慧路网改造,分阶段部署1000辆全自动驾驶汽车的应用示范。百度在2018年7月7日宣布其研发的基于Apollo平台的4级自动驾驶巴士"阿波龙"(见图1.3)量产,将在北京首先投入使用[4]。

■ 图1.3 百度微循环自动驾驶巴士"阿波龙"

1.3 传感器技术

感知、决策、控制是自动驾驶的三个环节,感知环节用来采集周围环境的基本信息,也是自动驾驶的基础。自动驾驶汽车通过传感器来感知环境,所用到的传感器大多包括摄像头、毫米波雷达和激光雷达,下面简要介绍这几种传感器。

1.3.1 摄像头

优点:技术成熟、成本低、采集信息丰富。

缺点:三维立体空间感不强;受环境影响大,黑夜、雨雪、大雾等能见度低的情况,识别率大幅降低。

摄像头可以采集图像信息,与人类视觉最为接近。通过采集的图像,经过计算机的算法分析,能够识别丰富的环境信息,如行人、自行车、机动车、道路轨迹线、路牙、路牌、信号灯等,通过算法加持还可以实现车距测量、道路循迹,从而实现前向碰撞预警(FCW)和车道偏离预警(LDW)。单目 ADAS 采集的图像如图 1.4 所示。

图 1.4 单目 ADAS 采集的图像

摄像头在汽车领域应用广泛,技术十分成熟,成本也非常低廉。目前,汽车摄像头应用可分为单目、双目及多目,安装位置可分为前视、后视、侧视、环视。目前,Mobileye 公司在单目 ADAS 开发方面走在世界前列,其生产的芯片 EyeQ 系列能够根据摄像头采集到的数据,对车道线、路中的障碍物进行识别,第三代芯片 EyeQ3 已经可以达到 L2 自动驾驶水平。

表 1.2 是摄像头在汽车领域的各种应用。

表 1.2 摄像头在汽车领域的应用

ADAS 功能	使用摄像头	具体功能简介
车道偏离预警 LDW	前视	当前视摄像头检测到车辆即将偏离车道线时,就会发出警报
前向碰撞预警 FCW	前视	当摄像头检测到与前车距离过近,可能发生追尾时,就会发出警报
交通标志识别 TSR	前视、侧视	识别前方道路两侧的交通标志

续表

ADAS 功能	使用摄像头	具体功能简介
车道保持辅助 LKAS	前视	当前视摄像头检测到车辆即将偏离车道线时,就会向控制中心发出信息,然后由控制中心发出指令,及时纠正行驶方向
行人碰撞预警 PCW	前视	前摄像头会标记前方道路行人,并在可能发生碰撞时及时发出警报
盲点监测 BSD	侧视	利用侧视摄像头,将后视镜盲区内的景象显示在驾驶舱盲区内
全景泊车 SVP	前视、侧视、后视	利用车辆四周摄像头获取的影像,通过图像拼接技术,输出车辆周边的全景图
泊车辅助 PA	后视	泊车时将车尾的影像显示在驾驶舱内,预测并标记倒车轨迹,辅助驾驶员泊车
驾驶员注意力监测	内置	安装在车内,用于检测驾驶员是否疲劳、闭眼等

1.3.2 毫米波雷达

优点:导引头体积小、质量轻和空间分辨率高;穿透雾、烟、灰尘的能力强,传输距离远。

缺点:元器件成本高,加工精度相对要求高;探测角度小;在雨、雾和湿雪等高潮湿环境会衰减,树丛穿透能力差。

毫米波其实就是电磁波,通过发射无线电信号并接收反射信号来测定与物体间的距离,其频率通常在 10~300GHz。与厘米波导引头相比,毫米波导引头体积小、质量轻、空间分辨率高;与红外、激光、电视等光学导引头相比,毫米波导引头穿透雾、烟、灰尘的能力强;另外,毫米波导引头的抗干扰性能也优于其他微波导引头。大陆集团研发的 ARS 400 毫米波雷达如图 1.5 所示。

■图 1.5　大陆集团研发的 ARS 400 毫米波雷达

毫米波波长(波长为 1~10mm)介于微波和厘米波之间,因此毫米波雷达兼有微波雷达和光电雷达的一些优点,非常适合汽车领域的应用。其中 24GHz 频段应用于汽车的盲点监测、变道辅助；77GHz频段频率比较高，这个频段的雷达性能要高于24GHz的雷达，主要用于探测车距及前车速度，是实现主动刹车、自适应巡航的基础。两个波段的作用如图1.6所示。

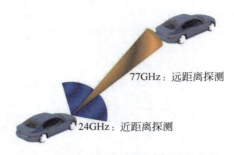

图1.6 不同波段毫米波雷达的作用

1.3.3 激光雷达

优点：分辨率高、精度高、抗干扰能力强。

缺点：工艺要求高，造价昂贵；无法识别颜色、图案、文字等标识；需要高的计算能力。

激光雷达（见图1.7）是以发射激光束探测目标的位置、速度等信息的雷达系统。其工作原理是向目标发射激光束，然后将接收到从目标反射回来的回波与发射信号进行比较，经过计算分析后，就可获得目标的有关信息，如目标距离、方位、高度、速度、姿态，甚至形状等参数。

图1.7 激光雷达

激光雷达由激光发射机、光学接收机、转台和信息处理系统等组成。目前，许多自动驾驶汽车的激光雷达安装在车顶，通过高速旋转对周围进行360°扫描，获得周围空间的点云数据，实时绘制出车辆周边的三维空间地图，为下一步的车辆操控建立决策依据。而它所要处理的数据量也非常巨大，例如Velodyne的HDL-32E传感器每秒能扫描70万个3D数据点，所以激光雷达精密度高，造价可达数万美元。

激光雷达是自动驾驶领域现阶段非常依赖的技术，各个车企也都看好激光雷达在无人驾驶汽车的应用前景。据报道，沃尔沃公司投资了激光雷达创业公司Luminar。Luminar的激光雷达技术可以识别的距离超过250m，识别范围可以达到120°，处于行业领先水平，其雷达捕捉的图像如图 1.8 所示。在激光雷达行业内,国外领先公司有 Velodyne、Quanergy 等,国内有北科天绘、禾赛科技、思岚科技等,自动驾驶的火爆让激光雷达市场竞争加剧。

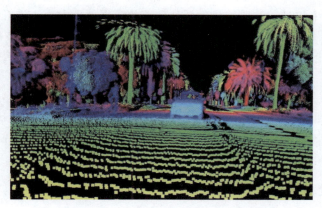

图 1.8 Luminar 激光雷达捕捉的图像

1.4 导航与定位技术

自动驾驶汽车能够持续安全可靠运行的一个关键前提是车辆的定位系统必须实时稳定地输出足够高精度的位置和与位置相关的信息,这些信息包括车辆的经度、纬度、航向角、速度、加速度、俯仰角、更新频率等。一旦这些信息无法及时精确地获取,车辆就无法确定自身位置,必须立即退出自动驾驶模式由驾驶员接管车辆。

自动驾驶汽车对定位系统性能的要求与车辆的行驶速度密切相关。相关标准和法规规定,乘用车行驶最高车速不得超过 120km/h,客车最高设计车速不应大于 100km/h。基于目前的自动驾驶汽车整体技术水平和车辆限速要求,自动驾驶乘用车的最高车速不宜超过 90km/h,自动驾驶客车的最高车速不宜超过 70km/h。一般情况下,人工驾驶控制车辆距离道路一侧路牙石的安全距离约为 25cm,自动驾驶汽车必须在行驶 25cm 的时间内更新一次定位信息且定位精度应≤25cm,否则就有可能导致车辆超出道路边界发生事故。按照最高车速 90km/h 计算,根据公式 $t=s/v$,车辆行驶 25cm 用的时间是 0.01s,根据公式 $f=1/t$,则定位信息更新频率为 100Hz。因此,定位信息更新频率需≥100Hz,定位精度须≤25cm才能保证车辆行驶安全。

目前,常规的定位导航系统(包括无线电定位导航、惯性定位导航、卫星定位导航、移动基站定位导航等)都不能同时满足上述指标。例如,惯性定位导航系统存在定位误差随时间积累、长时间内不能保证足够的导航精度的问题;卫星定位导航系统存在多路径、卫星信号遮挡和更新频率低(一般为 10Hz)等问题。因此,要实现汽车自动驾驶功能,必须采用高精定位导航技术。目前的高精定位技术路线主要有三种:基于卫星定位系统和捷联惯导系统的组合定位技术,基于激光雷达点云和高精地图的匹配定位技术,以及基于计算机视觉里程算法的定位技术。

1.4.1 卫星定位和捷联惯导组合定位技术

实现卫星定位(GPS)和惯导的组合方案有很多,不同的组合方案可以满足不同的要求和应用目的。基于卡尔曼滤波器的最优估计理论的数据处理方法为组合导航系统提供了理论基础并被广泛应用。在导航系统输出数据的基础上,利用卡尔曼滤波滤除噪声干扰估计系统的误差状态,并用误差状态的估计值去校正系统,从而达到优化组合导航系统综合性能的目的,提高导航系统的精度。

滤波器运行时主要分预测和更新两个阶段。预测阶段,在得到新 GPS 数据前,通过积分惯性传感器的数据来预测车辆的当前位置;更新阶段,当接收到新的比较精准的 GPS 数据时,使用新的 GPS 数据对当前的位置进行预测更新。通过不断地执行这两个步骤来实现对自动驾驶汽车的准确实时定位[7]。

1.4.2 激光雷达点云和高精地图匹配定位技术

高精地图的绝对坐标精度更高,而且所含有的道路交通信息元素更丰富、细致。借助高精地图能够扩展车辆的静态环境感知能力,为车辆提供其他传感器无法提供的全局视野,包括车载环境感知传感器检测范围外的道路、交通和设施信息。

激光雷达在车辆行驶过程中不断收集点云来动态了解周围环境,通过这些环境信息与高精地图进行比对匹配确定车辆位置。最常用的点云匹配算法就是迭代最近点算法(ICP)。该算法的目标是在给出两组点云的情况下,假设场景不变,算出这两组点云之间的位置。第一组点云的每个点在第二组点云里找到一个最近的匹配,之后通过所有的匹配来计算均方误差,进而调整估计的位置。多次迭代后,最终计算出两组点云的相对位置。在预先有地图的情况下,用实时的点云加上一个大概位置猜测就可以精准算出车辆的当前位置,从而实现全局最优估计。其定位原理如图 1.9 所示[8]。

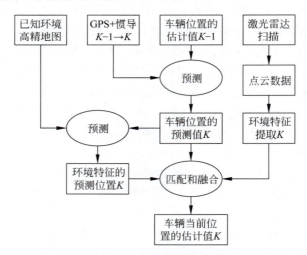

■图 1.9　基于激光点云的全局最优估计定位原理

该定位过程是一个递推的过程,融合了激光雷达和 GPS 及惯导的信息,并跟踪环境特征,最后由匹配的环境特征反过来对自动驾驶汽车的位置进行修正,得到其位置的最优估计。依靠每一个位置所观察到的不同的环境特征和已有高精地图匹配,不断修正自身位置的误差量,从而实现自动驾驶汽车长距离的自主导航。

1.4.3 视觉里程算法的定位技术

基于视觉的定位算法主要有两大类:基于地标拓扑的算法和基于几何的视觉里程算法。基于地标拓扑的算法把所有的地标抽象成一个拓扑图,当自动驾驶汽车监测到某个地标时,便可以根据地标位置大致推断出自身所在的位置;基于几何的视觉里程算法较为复杂,但是不需要预先建立精准的拓扑图,在定位的同时还能够扩展地图,其中典型的基于双目摄像头的视觉里程算法原理如图1.10所示,具体的计算流程如下。

(1)双目摄像头抓取左右两图(即双目图像),双目图像经过三角剖分产生当前帧的视差图。

(2)提取当前帧与之前帧的特征点,如果之前帧的特征点已经提取好了,可以被直接使用。

(3)对比当前帧与之前帧的特征点,找出帧与帧之间的特征点对应关系;根据此对应关系,推算出两帧之间车辆的运动。

(4)根据推算出的两帧之间车辆的运动,以及之前的车辆位置,计算出最新的车辆位置。

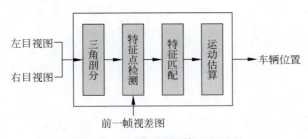

图1.10 视觉里程算法原理图

通过以上的视觉里程算法,自动驾驶汽车实时推算自己的位置并进行自主导航。但是摄像头成像质量对光线相当敏感。在不同的光线环境下,同样的场景可能不被识别,导致算法失效。因此不建议在自动驾驶场景中独立依赖视觉里程算法进行车辆定位。

1.5 高精地图技术

地图是对刻画与描述地球表面的各种现象的数据的可视化表达,它可以帮助人们通过这些可视化表达来认识、记录地理世界。因此,地图是一种空间分析的模型,是一种基于空间联系的空间思维体系,是解决现实问题的有效手段。对于传统电子地图来说,解决的问题是人在驾驶汽车时,帮助人做出正确的决策。而高精地图解决的问题与传统电子地图不同,高精地图解决的是车辆的自动驾驶问题。这种差别说明了高精地图与传统地图属于不同的思维体系下的产物。高精地图经过近几年的发展,为自动驾驶、智能网联汽车、智慧交通等方面提供了重要的技术支撑,取得了一系列重要研究成果。

1.5.1 高精地图的定义

所谓的高精地图相较普通导航电子地图而言,具有高精度、地图元素更加详细、属性更加丰富的特点。高精度,一方面是说地图的绝对坐标精度更高,达到亚米级的绝对精度,另一方面高精地图所含的道路交通信息元素及其属性更加丰富和细致。与普通导航电子地图相比,高精地图不仅有准确的坐标,还能准确地描绘道路形状、车道线、车道中心线和交通标志等,此外,还包括车道限速、道路材质等信息[8]。

与传统电子地图不同,高精地图的主要服务对象是无人驾驶车。无人驾驶车需要实时识别车辆自动驾驶时的周围环境。由于实时识别的效率和正确率的局限,所以,高精地图成为当前无人驾驶车技术中必不可少的一个组成部分。高精地图包含了车道线和道路周围的地理对象等大量辅助信息,可以帮助无人驾驶车减少识别的对象,并提高其识别地图相关要素的精确度。

其次,借助高精地图,无人驾驶车就可以通过比对车载 GPS、IMU、LiDAR 或摄像头数据来精确确认自己的当前位置。同时,高精地图还能帮助无人驾驶车识别车辆、行人等动态物体及未知的静态障碍物。这是因为高精地图一般为静态的地理信息,如果无人驾驶车在行驶过程中检测到当前高精地图中没有的物体,则很有可能是车辆、行人或静态障碍物。此外,高精地图可以提高无人驾驶车的运行速度。由于高精地图的车道线信息准确,所以无人驾驶车可以像仓储巡线车那样沿着某条车道线快速行驶。

1.5.2 高精地图的特点

1. 高精度

相比服务于 GPS 导航系统的传统地图而言,高精地图最显著的特点是其表征路面特征的精准性。以道路为例,传统地图只需要做到米级精度即可实现 GPS 导航,但高精地图要达到厘米级精度才能保证无人驾驶车行驶安全。

2. 高粒度

高精地图比传统地图粒度要高很多。传统地图的道路只需要画一根道路线就可以了,而高精地图是以车道线为单位的。由于一条道路会有多条车道,对应的高精地图就需要有多个车道线。高精地图在三岔路口或十字路口处的模型构建也不与传统地图相同。传统地图在路口处,一般是用一个拓扑点就可代表,而高精地图则会绘制路口内的车道间的关联关系,如图 1.11 所示。高精地图的车道线如图 1.12 所示,这其中的车道线需要包含实或虚等属性信息。

其次,高精地图还需要反馈给车辆信息例如道路前方信号灯的状态、限高、禁行等,来保证车辆安全、正常行驶。同时,高精地图还需要车道周围的杆、标志牌、隧道、天桥等信息作为辅助来实现车道级定位。更高级的高精地图会包含周边道路环境的三维模型等空间信息。与杆、牌等对象信息所起的辅助定位作用一样,通过这些高精度的三维模型,无人驾驶系统就可以通过比对车载 GPS、IMU、LiDAR 或摄像头的数据来实现更精确的定位,从而更精确地检测、控制自动驾驶车辆的位置。

此外,高精地图需要绘制信号失锁区域。在信号失锁区域,自动驾驶车需要提高摄像头识别的灵敏度。

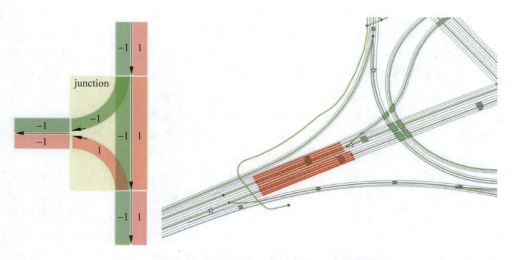

■图 1.11 高精地图丁字路口和三岔路口处的模型构建

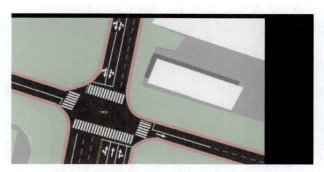

■图 1.12 高精地图渲染效果

3. 实时性

高精地图需要比传统地图有更高的实时性。由于路网每天都有变化,如道路施工、车道标识线磨损及重漆、交通标志改变等,这些变化需要及时反映在高精地图上以确保无人车行驶安全。一般而言,传统电子导航对数据的更新要求为一个季度更新全国地图一次。而高精地图会在一个季度更新全国地图一次的基础上,每天都会利用自动驾驶车辆回传的数据进行小规模的更新。

在制作动态地图时,为了实现尽可能高的实时性,需要增加高精数据的来源,一个较好的方法就是通过众包。数据可以来源于政府的智慧城市和智慧交通上的业务、出租车的回传数据、手机终端的回传数据、自动驾驶车的回传数据。

1.5.3 高精地图的制作

高精地图需要获取的地物主要包括车道线、道路交通设施(人行横道、转向标志、交通设施等)、车道拓扑网络数据以及其他地物等。根据数据采集方式的不同,高精地图生产方式有所差异。基于移动测绘车采集的数据,前期需要进行点云数据的分区、去噪、拼接等预处理,进而进行矢量化、几何调整、增加属性和拓扑结构建立等加工处理;无人机航测高精地图生产,基于校正、拼接等预处理得到的高精度正射影像图,采用自动与人工相结合的方式进行数据矢量化加工处理;1∶500地形图测绘基于外业采集的数据进行内业地图编绘,通过格式转换、地物分类等进行加工处理。三种高精地图生产过程均需要通过多级质检保证最终成果数据的可靠性。移动测绘车生产方式目前正在形成一种"专业采集+众包维护"的地图动态更新方式,无人机航测数据更新则需要重新进行航测,1∶500地形图测绘采用部分补测的方式实现数据更新,此外,政府行业数据也是地图更新的重要数据来源。

通过对采集的数据进行点云处理、三维重建和正射校正等处理,可获取厘米级精度的数字正射影像图(Digital Orthophoto Map,DOM),基于DOM数据可生产绝对精度优于10cm的高精地图。利用ArcGIS桌面端软件进行数字线划图(Digital Line Graphic,DLG)生产,利用图像解译的方法分别创建点、线、面文件进行相应地物提取。需要提取的地物包括道路、车道线、转向标志、人行道、道路标识、红绿灯、道闸、摄像头、建筑物、绿化带、水域以及停车场、地名地址信息,涵盖道路、道路链接设施、其他地物和POI点4个类别。几何提取完成后进行属性的录入:如属性信息分类、道路宽度、杆状物高度、建筑物名称等。在矢量化过程中需要保证数据的绝对定位精度要求、要素类别的完整性以及属性信息的正确完整。另外对提取的数据进行拓扑结构调整,并通过多级质检保证最终成果数据的可靠性。

1.6 决策与控制技术概述

1.6.1 设计目标

行为决策与控制系统的目标是使自动驾驶车像熟练的驾驶员一样产生安全、合理的驾驶行为。其设计准则可总结为:良好的系统实时性;安全性最高优先级(车辆具备防碰撞、紧急避障、故障检测等功能);合理的行车效率优先级;结合用户需求的决策能力(用户对全局路径变更、安全和效率优先级变更等);乘员舒适性(车辆转向稳定性、平顺性等)。对于适用于城市道路和高速公路工况的行为决策系统,设计准则还包括:右侧车道通行优先;保持车道优先;速度限制;交通标志及交通信号灯限制等[9]。

1.6.2 系统分类

自动驾驶的行为决策系统主要有基于规则和基于学习算法两大类。

基于规则的行为决策,即将自动驾驶车辆的行为进行划分,根据行驶规则、知识、经验、交通法规等建立行为规则库,根据不同的环境信息划分车辆状态,按照规则逻辑确定车辆行为的方法。其代表方法为有限状态机法,代表应用有智能先锋Ⅱ、红旗CA7460、Boss、Junior、Odin、Talos、Bertha等。

基于学习算法的行为决策,即通过对环境样本进行自主学习,由数据驱动建立行为规则库,利用不同的学习方法与网络结构,根据不同的环境信息直接进行行为匹配,输出决策行为的方法,以深度学习的相关方法及决策树等各类机器学习方法为代表。代表应用有英伟达(NVIDIA)、Intel、Comma.ai、Mobileye、百度、Waymo、特斯拉等。

1. 基于规则的决策控制系统

基于规则的行为决策方法中最具代表性的是有限状态机法,其因逻辑清晰、实用性强等特点得到广泛应用。

有限状态机是一种离散输入、输出系统的数学模型。它由有限个状态组成,当前状态接收事件,并产生相应的动作,引起状态的转移。状态、事件、转移、动作是有限状态机的4大要素。有限状态机的核心在于状态分解。根据状态分解的连接逻辑,将其分为串联式、并联式、混联式三种体系架构。串联式结构的有限状态机系统,其子状态按照串联式结构连接,状态转移大多为单向,不构成环路。并联式结构中各子状态输入、输出呈现多节点连接结构,根据不同输入信息,可直接进入不同子状态进行处理并提供输出。如果一个有限状态机系统下的子状态中既存在串联递阶,又存在并联连接,则称这个系统具有混联结构。

麻省理工学院的Talos无人车决策系统如图1.13所示,其行为决策系统总体采用串联式结构。该无人车以越野工况挑战赛为任务目标,根据逻辑层级构建决策系统。其系统分为定位与导航、障碍物检测、车道线检测、路标识别、可行驶区域地图构建、运动规划、运动控制等模块,其中导航模块负责制定决策任务。

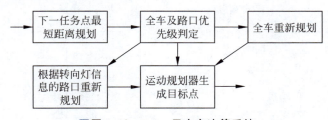

图1.13 Talos无人车决策系统

串联式结构的优点是逻辑明确、规划推理能力强、问题求解精度高。其缺点是对复杂问题的适应性差,某子状态故障时,会导致整个决策链的瘫痪。串联式结构适用于某一工况的具体处理,擅长任务的层级推理与细分解决。

国防科学技术大学研发的红旗CA7460行为决策控制系统如图1.14所示,其具备典型的并联结构。该系统适用于高速公路工况,其决策系统划分为自由追踪行车道、自由追踪超车道、由行车道换入超车道、由超车道换入行车道等模式。

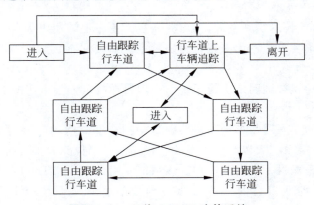

图1.14 红旗CA7460决策系统

红旗 CA7460 对车辆行驶的安全性指标和效率指标进行了衡量,根据交通状况和安全性指标选出满足条件的候选行为,再根据效率指标决策出最优行为。

并联式结构将每一种工况单独划分成模块进行处理,整个系统可快速、灵活地对输入进行响应。但在复杂工况下,由于遍历状态较多导致的算法机构庞大,以及状态间的划分与状态冲突的解决是难点。并联结构适用于场景较复杂的工况。相较于串联结构,并联结构的优点是具备场景遍历广度优势,易于实现复杂的功能组合,具有较好的模块性与拓展性,缺点是系统不具备时序性,缺乏场景遍历的深度,决策易忽略细微环境变化,状态划分灰色地带难以处理,从而导致决策错误。

串、并联式结构具备各自的局限性,混联式结构可较好地结合两者优点,层级式混联结构是比较典型的方法。

卡耐基-梅隆大学与福特公司研发的 Boss 自动驾驶车决策系统如图 1.15 所示,其具备典型的层级式混联结构。系统顶层基于场景行为划分,底层基于自车行为划分。三个顶层行为及其底层行为分别为:车道保持(车道选择、场景实时报告、距离保持器、行为发生器等)、路口处理(优先级估计、转移管理等)和指定位姿。

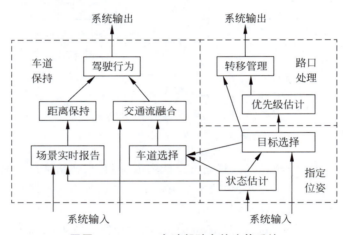

■图 1.15 Boss 自动驾驶车的决策系统

2. 基于学习算法决策控制系统

近年来,人工智能技术迅猛发展,学习算法越来越多地被运用于自动驾驶车辆环境感知与决策系统。基于学习算法的无人车行为决策系统研究目前已取得显著成果,根据原理不同主要可分为深度学习相关的决策方法与基于决策树等机器学习理论的决策方法。NVIDIA 的端到端卷积神经网络决策系统与中国科学技术大学应用的 ID3 决策树法是其典型案例。

NVIDIA 研发的无人驾驶车辆系统架构是一种典型架构,其采用端到端卷积神经网络进行决策处理,使决策系统大幅简化。系统直接输入由摄像头获得的各帧图像,经由神经网络决策后直接输出车辆目标方向盘转角。该系统使用 NVIDIA DevBox 作处理器,用 Torch 7 作为系统框架进行训练,工作时每秒处理 30 帧数据,其决策系统训练模型如图 1.16 所示。图像输入到卷积神经网络(Convolutional Neural Networks,CNN)计算转向控制命令,将预测的转向控制命令与理想的控制命令相比较,然后调整 CNN 模型的权值使得预测值尽可能接近理想值。权值调整由机器学习库 Torch 7 的反向传播算法完成。训练完成后,模型可以利用中心的单个摄像机数据生成转向控制命令。

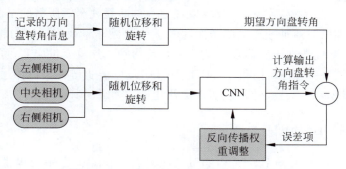

图 1.16　NVIDIA 无人车决策系统训练模型

百度端到端系统实现了对车辆的纵向和横向控制:纵向控制采用堆叠卷积长短期记忆(Long Short Term Memory,LSTM)深度学习模型,提取帧序列图像中的时空特征信息,实现特征到纵向控制指令的映射;横向控制采用 CNN 深度学习模型,从单幅前视摄像头的图像直接计算出横向控制的曲率。模型主要关注视觉特征的提取、时序规律的发现、行为的映射等方面。

基于规则和基于学习算法的行为决策技术各自具备较为鲜明的优缺点。

基于规则的行为决策系统的优点是:算法逻辑清晰、可解释性强、稳定性强、便于建模;系统运行对处理器性能要求不高;模型可调整性强;可拓展性强,通过状态机的分层可以实现较为复杂的组合功能;在功能场景的广度遍历上存在优势。其缺点是:由于状态切割划分条件导致车辆行为不连贯;行为规则库触发条件易重叠从而造成系统失效;有限状态机难以完全覆盖车辆可能遇到的所有工况,通常会忽略可能导致决策错误的环境细节;场景深度遍历不足导致系统决策正确率难以提升,对复杂工况处理及算法性能的提升存在瓶颈。

基于学习算法的行为决策系统的优点是:具备场景遍历深度的优势,针对某一细分场景,通过大数据系统更容易覆盖全部工况;利用网络结构可简化决策算法规模;部分机器具备自学习性能,机器能够自行提炼环境特征和决策属性,便于系统优化迭代;不必遍历各种工况,通过数据的训练完善模型,模型正确率可随数据的完备得以提升。其缺点是:算法决策结果可解释性差,模型修正难度大;学习算法不具备场景遍历广度优势,不同场景所需采用的学习模型可能完全不同;机器学习需要大量试验数据作为学习样本;决策效果依赖数据质量,样本不足、数据质量差、网络结构不合理等会导致过学习、欠学习等问题。

1.7　自动驾驶平台技术概述

从国际范围来看,目前比较有影响力的自动驾驶平台主要有 4 个[10]。

1.7.1　英伟达(NVIDIA)

2016 年首款自动驾驶计算平台 NVIDIA Drive PX2 上市。NVIDIA Drive PX2 是一个

开放式的提供自动驾驶全套软件和点对点高清地图的人工智能平台。PX2仅有一个手掌大小，本质是一个可实现自动驾驶的人工智能超级计算机。相比其他三个将要介绍的相对全面的自动驾驶平台，NVIDIA Drive PX2更偏重于扮演自动驾驶系统中的计算平台角色。该平台支持深度学习、传感器融合以及环境视觉等自动驾驶车辆所需的全部主要功能，旨在帮助车企和零部件供应商加速产品的自主化和无人驾驶车辆研发。NVIDIA Drive与其他竞争对手相比，主要优势在于背靠英伟达这一自动驾驶芯片重要供应商，可能受益于潜在的协同效应和交叉销售；与特斯拉相比，NVIDIA Drive主要劣势在于英伟达自身并没有生产汽车的能力，说服车企购买这一系统、实现商业化应用尚需时日。

1.7.2 英特尔（Intel）

2017年4月英特尔发布Intel GO自动驾驶平台。Intel GO平台提供的是一整套自动驾驶解决方案，旨在计算、连接和云计算等方面为汽车行业提供专业支持。Intel GO平台主要包括三个部分，分别是：Intel GO自动驾驶开发平台，为开发者提供自动驾驶硬件架构；Intel GO车载软件开发套件，可帮助开发人员和系统设计师充分利用硬件功能，同时使用各种工具加快开发速度；Intel GO 5G汽车平台，为汽车行业提供5G通信技术。Intel GO的主要优势在于有较多的硬件技术积累；劣势与英伟达相同，为没有自行生产汽车的能力。

除了推出Intel GO，英特尔还和德尔福、宝马、Mobileye（已被英特尔收购）成立自动驾驶联盟，形成"计算＋计算机视觉＋汽车硬件＋整车"的供应链生态，此后大陆和菲亚特也加入联盟。另外，爱立信、丰田以及多个初创公司都与英特尔有合作。

1.7.3 谷歌的Waymo

Waymo是谷歌旗下专门从事自动驾驶研究的科技公司，负责谷歌自动驾驶全部业务，现已正式独立。截至2017年，Waymo已经形成600辆的自动驾驶车队规模，其中500辆为2017年年底新增，测试城市已经拓展到美国25个城市，全年完成2百万英里的测试里程，2018年测试里程计划达到1千万到1亿英里之间。2018年2月2日，公司宣布启动无人驾驶出租车服务，并推出自家的打车App即Waymo App，商业化步伐为全球最快。Waymo的主要优势在于背靠谷歌这一科技巨头，起步较早，拥有算法优势和数据优势。另外，谷歌还自研激光雷达、AI芯片（TPU）、毫米波雷达等核心硬件，在乘用车之外也涉足无人卡车，在无人驾驶领域多重布局。

Waymo目前在自动驾驶汽车领域的合作伙伴主要有菲亚特·克莱斯勒和Lyft。其中，Waymo输出自动驾驶技术，菲亚特·克莱斯勒输出整车制造能力，Lyft输出按需驾乘网络，这三家公司共同实现了以Waymo为核心的自动驾驶汽车商业模式的闭环。

1.7.4 特斯拉（Tesla）

特斯拉的高级辅助驾驶落地最早，自建完整生态链。特斯拉身兼车厂与平台技术于一身，既拥有造车能力，也有系统推进能力。与传统整车厂不同，特斯拉构建了完整封闭的生态，包括电池工厂、整车工厂、直营店、服务中心、超级充电站、二手车，以及自动驾驶租赁服务等。特斯拉与其他对手的主要竞争优势在于同时拥有自动驾驶技术和造车能力,是全球最早大规模推广高级辅助驾驶商业化的公司;劣势在于特斯拉开发的Autopilot系统仅能应用于特斯拉生产的汽车上,不具有广泛的适应性,很难联合其他市场参与者共同搭建自动驾驶生态。目前特斯拉官网已经给出L5级别自动驾驶的套件,全球主流车企水平大都处于L2与L3之间。

从国内来看,近期百度的Apollo平台发展势头迅猛,其旨在向汽车行业及自动驾驶领域的合作伙伴提供一个开放、完整、安全的软件平台,帮助他们结合车辆和硬件系统,快速搭建一套属于自己的完整的自动驾驶系统。Apollo发布至今已经更新了3.5版本,实现了量产小巴的封闭园区通勤[11-12]。

参考文献

[1] 伦一.自动驾驶产业发展现状及趋势[J].电信网技术,2017(06):33-36.
[2] 卜艺浦.自动驾驶的现状分析与实现过程[J].时代汽车,2018(10):13-14.
[3] 赵佳,刘清波.自动驾驶汽车高精定位导航技术路线分析[J].客车技术与研究,2018,40(04):8-10.
[4] 曹悦恒.典型国家汽车产业国际竞争力比较研究[D].吉林大学,2018.
[5] 国内外无人驾驶车辆行为决策系统的研究现状[J/OL].(2018)http://www.elecfans.com.
[6] 石娟,田晓笛,王建培.自动驾驶分级方法及测试技术[J].汽车工程师,2018(09):18-21.
[7] 陈宗娟,孙二鑫,李丹丹,等.高精地图现状分析与实现方案研究[J].电脑知识与技术,2018,14(22):270-272.
[8] 王涛,陈艳丽,贾双成.简述高精地图的特点[J].软件,2018,39(09):183-187.
[9] 熊璐,康宇宸,张培志,等.无人驾驶车辆行为决策系统研究[J].汽车技术,2018(08):1-9.
[10] 2018年国内外自动驾驶平台竞争情况及竞争格局预测分析(图).中国报告网[EB/OL].(2018-02-24)[2018-10-27].http://jingzheng.chinabaogao.com/jiaotong/02243214c201 8.html.
[11] 张文浩.你是我的眼!自动驾驶传感器知识科普[EB/OL].(2018-06-22)[2018-10-27] http://gps.zol.com.cn/691/6918524_all.html.
[12] 王晓.史上最全自动驾驶系统解析[EB/OL].(2017-09-19)[2018-10-27].https://www.sohu.com/a/193108107_560178.

第2章 自动驾驶安全设计

2.1 系统功能与信息安全概述

2.1.1 汽车安全概述

1. 从交通事故看汽车安全

提到汽车安全，人们首先想到的大多是驾驶安全，即驾驶汽车过程中预防交通事故的能力以及一旦交通事故发生，汽车对驾驶员与周围环境（包括路人等）的保护能力。世界卫生组织（WHO）报告指出，每年因道路交通事故导致死亡的人数高达 125 万，而中国则是每年有超过 25 万人死于交通事故（高于一般中等收入国家 18.5 万人的水平，更是高收入国家 9.3 万人的两倍多）。如果不采取有效措施，道路交通事故可能上升为全世界第 7 大致死原因（目前排名第 9）。2017 年联合国发起的 2030 可持续发展议程确定了至 2020 年将这个数字减少一半的目标。为了实现这个目标，WHO 提出了构建安全的公路系统 4 项指导原则，其中明确指出：个人有责任在交通法规范围内行事，且与设计、建造、管理和使用道路及车辆以防止撞车造成严重伤害或死亡以及提供撞车后护理的人员共同承担责任；并且为了增加安全系数，系统的所有部分必须加强联系，如果交通系统的某个部分出现问题，道路使用者仍然可以受到保护。在这个指导原则中，尤其是在我国道路等基础设施安全条件参差不齐的情况下，车辆的安全可靠性处于核心的地位。通过总结各类交通事故得到的经验教训，我们可以更好地理解智能汽车需要针对什么样的场景实现什么样的安全功能，从而改善智能驾驶的安全性能。所以说，安全既是设计新一代智能驾驶车辆的起点，又是智能驾驶需要实现的目标。

表 2.1 为 CNCAP 安全车辆 2020 线路图。

随着汽车制造商努力实现自动驾驶汽车的目标，汽车正在变得越来越先进。当今辅助驾驶技术日益普及，在我们日常驾驶的汽车中，已经有很多高级辅助驾驶系统实现了相当程度的自动化。这些系统通过将（智能）自适应巡航控制（ACC）与车道保持（LKAS）相结合，帮助驾驶员保持稳定的速度，与前方车辆保持安全距离并使车辆保持在车道的中心位置。

第2章 自动驾驶安全设计

表 2.1 CNCAP 安全车辆 2020 线路图

联合国安全车辆2020路线图	所有新车型必须具备	所有汽车必须具备
前方与侧方防碰撞	2018	2020
安全带与锚地	2018	2020
电子稳定控制	2018	2020
行人检测	2018	2020
摩托车防抱死	2018	2020
自动紧急制动	2018	2020

这些辅助系统可以提高驾驶安全可靠性,并且减轻驾驶员的精神压力。在自动驾驶的框架下,根据汽车工程师协会(SAE)的分类,此类系统通常被称为 2 级系统(L2)。Euro NCAP(欧盟新车安全评鉴协会)将这些系统简称为驾驶员辅助系统(ADAS),因为它们旨在帮助驾驶员操控汽车,而不是完全接管汽车的控制。这些辅助驾驶系统期望驾驶员始终将手放在方向盘上,双眼放在路上(目前,我们的道路上不允许驾驶员长时间离开方向盘或执行次要任务的系统)。

不论技术有多么先进,功能有多么高级,大众不会为一个不安全的产品买单。正如奇瑞倪绍勇在一次论坛上所讲:客户别的什么都可以没有,不能没有安全。没有安全的保证,智能驾驶就是空中楼阁。截至 2018 年 11 月,据维基百科统计,全球目前共有 4 例自动驾驶汽车致死的案件,如表 2.2 所示。

表 2.2 自动驾驶汽车致死案件

时 间	地点	死亡人数	汽车厂商	汽车型号	自动化程度	备 注
2016年1月	中国	1	特斯拉	Model S	L2	驾驶员死亡
2016年5月	美国	1	特斯拉	Model S	L2	驾驶员死亡
2018年3月	美国	1	特斯拉	Model X	L2	驾驶员死亡
2018年3月	美国	1	优步	Refitted Volvo	L3	路人死亡

而各类自动驾驶车辆有关的交通事故就更多了。单据美国加州政府汽车局统计,从 2014 年到 2018 年共有 38 起自动驾驶汽车行进中的交通事故(汽车处于行进状态,并且开启了自动驾驶模式)。虽然其中仅有一起事故是由自动驾驶汽车导致,而其余事故的责任均在驾驶员一方,但我们不能简单认为自动驾驶技术已经很成熟了。目前大规模采用的自动驾驶技术均尚处于 L2 或 L3 级别,还远远没有实现 L5 级别的完全无人驾驶。安装了 L3 级别自动驾驶功能的汽车的相对数量仍然很少。从每年的汽车事故死亡人数上我们也可以得出此结论:即使是在自动驾驶发展迅速的美国,自 2008 年以来每年汽车事故致死的人数一直在 3.5 万人左右,并没有因为自动驾驶技术的提升而有明显的减少。至少从目前来看,自动驾驶汽车仍有很长的路要走。

2. 从安全测试看汽车安全

前文提到,我们可以通过总结各类交通事故的经验教训改善汽车的安全性能。汽车安全测试就是在无人并可控的条件下人为地制造汽车事故的实验,从而最大限度地研究汽车的安全性能。下面就从安全测试的角度提出汽车安全的整体概念。

一辆汽车在上市销售之前,需要经过国家强制性标准法规的验证(例如我国的《机动车运行安全技术条件》GB 7258—2017 以及《汽车正面碰撞的乘员保护》GB 11551—2014 等），经测试后满足国标要求的才被允许销售。不过这些标准作为强制性的法律法规，要求偏低，并且更新相对滞后。针对此类法律法规的缺陷，汽车厂商大都选择更加严格的测试标准。其中，欧盟新车安全评鉴协会（Euro-NCAP）的安全测试最为业界认可。Euro-NCAP 是由 1997 年起，经由专业学者及高科技工程技师共同成立的独立专业安全评鉴组织，评鉴适用欧洲地区发售之新车的安全碰撞测试。实验结束后，将公布测试结果，告知消费者选购新车的安全性情报，提供相关安全的咨询管道，督促汽车制造厂加强汽车安全开发，借以减低人员伤亡为目的。此协会与日本新车安全评鉴（Japan New Car Assessment Program，JNCAP）和美国高速公路安全管理局（NHTSA）共为世界三大汽车安全机构之一。自 2009 年起，Euro-NCAP 对于每个车型用一个统一的星级来评价，最高为 5 星。对于车型安全性的评价由 4 部分组成：成人保护、儿童保护、行人保护和安全辅助系统。整体得分是由 4 部分测试得分加权计算而得，同时还要确保每一部分不能低于整体星级。图 2.1 显示了 Euro-NCAP 公布的某款车型的评测结果。表 2.3 为 Euro-NCAP 测试项目概览。

■ 图 2.1　Euro-NCAP 公布的某车安全评测结果

表 2.3　Euro-NCAP 测试项目概览

测试种类	测试项目类型
成人成员保护	正面全宽碰撞试验
	正面偏移可变形壁障碰撞试验
	侧面碰撞试验
	低速后碰撞颈部保护试验（"鞭打试验"）
	城市车辆自动紧急制动系统（City AEB）
儿童成员保护	基于 6 岁和 10 岁儿童的碰撞测试表现
	安全功能（Safety Features）
	儿童约束系统（CRS）安全检查
弱势道路使用者保护	行人碰撞保护
	行人车辆自动紧急制动系统（"AEB"系统）测试
	弱势道路使用者车辆自动紧急制动系统测试

续表

测试种类	测试项目类型
安全辅助系统	速度辅助测试
	安全带提醒测试
	车道支持测试
	市际车辆自动紧急制动系统测试

在汽车安全标准方面,中国起步相对较晚。目前我国最流行的汽车安全标准为中国汽车技术研究中心颁布的《C-NCAP 管理规则》。《C-NCAP 管理规则》自 2006 年颁布以来,很大程度上借鉴了欧洲 E-NCAP 安全标准,一定程度上来说,它是欧洲标准的缩水版,因为 C-NCAP 的碰撞内容更加简单,速度方面也要求更为宽松。不过随着 2018 年新的 C-NCAP 修订版的颁布,其测试的项目更加全面,要求也更加严格。例如,经调查,几乎一半的交通事故死者为所谓"弱势道路使用者"(Vulnerable Road Users,即:行人、自行车与摩托车驾驶员)。为了加强对弱势道路使用者的保护,我国汽车安全测试 C-NCAP 于 2018 年也增添了汽车对行人保护的测试,如表 2.4 所列。与 Euro-NCAP 类似,对乘员与行人的保护也分为成人与儿童,这里限于篇幅没有展示。

表 2.4 C-NCAP 2018(中国新车评价规程)测试项目概览

测试种类	测试项目类型	
乘员保护	碰撞试验	正面 100% 重叠刚性壁障碰撞试验
		正面 40% 重叠可变形壁障碰撞试验
		可变形移动壁障侧面碰撞试验
	低速后碰撞颈部保护试验("鞭打试验")	
行人保护	行人保护试验	
主动安全	车辆电子稳定性控制系统("ESC"系统)的性能测试报告审核	
	车辆自动紧急制动系统("AEB"系统)的性能测试	
附加试验	燃料消耗量试验	

综合以上介绍的汽车安全测试项目,可以将汽车驾驶安全分为被动安全与主动安全两类。表 2.4 所示的 C-NCAP 测试就是基于此对安全测试进行的分类。Euro-NCAP 稍有不同,但测试项目与 C-NCAP 基本是重合的。被动安全是指行驶中的车辆发生事故时,对车内乘员与车外行人与环境的保护。被动安全测试一般通过各类碰撞实验展开,如 C-NCAP 中的乘员保护与行人保护均属于被动安全范畴。主动安全则是近年来汽车电子发展的成果,主要是通过 ESC 与 AEB 等辅助驾驶系统,在汽车发生事故前,及时识别并纠正错误的驾驶行为并(通过刹车、转向等)使得汽车最大限度避免事故的发生。自动驾驶技术是辅助驾驶技术的延伸,但与辅助驾驶不同,高级别自动驾驶需要完全掌握对汽车行驶的控制,因此在智能驾驶的时代,主动安全处于智能驾驶安全的核心地位。

3. 从黑客看汽车安全

2015 年克莱斯勒(Crysler)召回 140 万辆 Jeep Cherokee 型号汽车,原因是具有连接因特网功能的车载软件 Uconnect 中存在漏洞,黑客可通过它渗透到汽车内部的控制网络,并控制刹车、转向等安全攸关的汽车驾驶功能。据最新统计报告显示,目前智能网联汽车中存在很多信息安全漏洞。黑客一旦通过漏洞攻击,将会对用户造成巨大的人身、财产损失。目前,已经被发现的漏洞涉及 TSP(内容服务提供商)平台、App 应用、Telematics Box(T-BOX)上网系统、车机 IVI 系统 CAN-BUS 车内总线等各个领域和环节。这些漏洞有的可以远程控制汽车,有的甚至可以直接对驾驶员和车内乘客造成人身伤害。报告最后建议,汽车厂商应该配备信息安全团队,持续监测漏洞。同时,中国的汽车信息安全标准亦亟待建立。

智能车联网是智能驾驶的重要一环。通过车联网,信息安全从传统的 IT 范畴延伸至汽车内部。汽车信息安全关乎的不只是车辆被盗,更攸关驾乘人员与路人的性命。在传统的汽车产业,一辆汽车从设计开发到上市,一般会经历三到五年的时间。汽车的各个部分会经过反复精细的推敲与测试之后,才能上市销售。而与汽车产业不同,IT 产业具有快速迭代的特点。对于惯用各类软件的读者而言,大都对软件的先行发布和补丁纷至沓来并不陌生。目前,虽然一些汽车制造商使用了无线更新系统(OTA),但用户无法仅凭自己就对车载软件进行修补,因此如果用户的车辆需要重新进行系统维修,那么除了等待之外几乎无能为力。一旦车载软件存在漏洞,则用户可能在相当长的时间内暴露在潜在的攻击之下。因此,从这个意义上讲,智能驾驶的信息安全与驾乘安全紧密相联。如何将 IT 产品的快速迭代与汽车相对稳定漫长的开发周期以及更高的安全需求相结合,对 IT 与汽车工业都是新的挑战。

从以上的介绍中可以看到,汽车安全是一个非常复杂而庞大的概念。下面就从不同的维度探讨一下汽车安全的设计。

2.1.2 汽车安全设计

以下从时间、空间以及技术三个维度讨论汽车安全设计。

1. 汽车安全设计的时间维度

车辆安全的目标是保护所有道路使用者的安全。如图 2.2 所示为 ACEA 安全模型。从碰撞事故发生的时间维度出发,可将行车过程分为 5 个阶段:普通驾驶阶段、危险阶段、

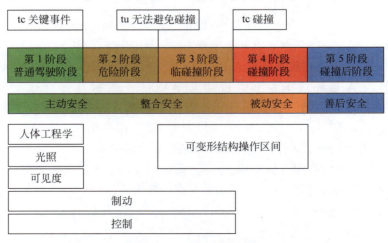

图 2.2 ACEA 安全模型

临碰撞阶段、碰撞阶段、碰撞后阶段。据此,车辆安全措施也可对应于相应的阶段。其中主动安全措施(又称一级安全措施)主要对应于普通驾驶阶段,试图完全避免碰撞的发生(crash avoidance);主动整合安全措施对应于第二与第三阶段,通过智能速度管理或高级制动在事故发生前及时减速(减轻碰撞,crash mitigation)从而减轻事故发生带来伤害;被动安全措施(又称二级安全措施)则针对第四阶段,全力减轻碰撞时的严重程度(碰撞保护,crash protection);三级安全措施则为事故发生后,减轻事故伤害的措施(碰撞后响应,post-crash response)。

此外,除了碰撞的风险,汽车安全还需考虑环保(如尾气排放、车内气味等),噪声等因素。

2. 汽车安全设计的空间维度

从空间上可以将汽车安全分为内部安全(对驾乘人员的保护)以及外部安全(对行人及周遭环境的保护)。

外部安全需要最大限度地减少道路交通碰撞和车辆以外的人员(行人、骑自行车人)的伤害。目前外部安全的决定因素是车身在变形过程中的行为以及车身的外形,仍属于被动安全范畴。在自动驾驶的时代,主动安全需实现对周遭环境与行人的自动与精确识别,并及时向行人对可能发生的危险提出警告。

内部安全需要最大限度地减少交通事故对车辆内人员的伤害。被动安全通过在发生事故时最大限度地减少乘客的加速度和初始内力来保护乘员,并且还需提供足够的生存空间并确保车辆关键部件的可操作性,使得营救人员可从车内救出乘客。主动安全则需监视行车状态和乘员状态,及时操纵汽车行为以避免事故发生。内部安全从乘员角度又可区分为驾驶员安全与乘客安全。此外,从驾乘人员类别上还需考虑不同类型的乘员,如老人、儿童、孕妇等。

3. 汽车安全设计的技术维度

汽车整体系统的安全性需要通过多种安全措施实现,这些措施以各种技术(例如机械、液压、气动、电气、电子、可编程电子等)实施,并应用于开发过程的各个层面。图2.3将目前主流的汽车安全技术进行了分类整理。

(1) 电车安全:以电或油电混合作为动力来源是新能源汽车发展的一大趋势。随着电池性能的提高以及环境污染的压力,电车正迅速普及。电车带来的安全问题是电车设计的一大挑战。

(2) 功能安全:在驾驶员辅助、车辆推进、动力学控制以及主动和被动安全系统等领域的新功能越来越多地涉及系统安全工程(System Safety Engineering)领域。这些功能的开发和集成将加强对安全系统开发过程的需求,并且需要提供满足所有合理系统安全目标的证据。随着技术复杂性、软件和机电一体化实施的趋势,系统故障和随机硬件失效的风险越来越大。面对这一挑战,汽车工业借鉴了IEC标准并提出了汽车功能安全(Functional Safety)的概念并于2011年进行了标准化(汽车功能安全标准ISO 26262)。标准规定,如果一个系统不存在由于电子电力系统(E/E系统)失效行为而引发的不合理的风险,则说这个系统是功能安全的。举例来说,由于气囊的错误弹起可导致乘员受到伤害并引发车祸,对气囊开启的控制就属于功能安全的范畴。虽然ISO 26262只涉及E/

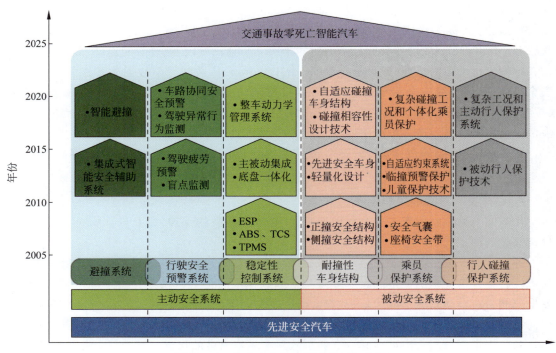

图 2.3 先进安全汽车技术发展框架图

E 系统的功能安全性,但它提供了一个框架,在该框架内可以考虑基于其他技术的安全相关系统。

(3) 预期功能安全:功能安全针对系统如何对错误做出反应或者是否可以避免系统错误以实现所需安全目标的问题。与功能安全不同,预期功能安全处理系统正常工作状态下因有限的性能所带来的安全问题。例如智能驾驶使用摄像头捕捉画面,即使其分辨率再高也是有限的,那么如何判断其分辨率可以保证相应的物体识别精度以避免事故发生,就属于预期功能安全的范畴。在实践中往往需要所使用技术与设备针对安全目标进行定性与定量的评估,以确保设备可满足安全需求。

(4) 信息安全:汽车功能安全标准 ISO 26262 中描述的功能安全的标准方法着重于降低由于电子电力系统随机硬件故障或软硬件设计期间的系统故障(例如软件缺陷)而导致灾害带来的风险。然而,随着车辆系统变得越来越复杂并且越来越多地连接到物联网,还必须考虑第三个危险源,即(黑客)通过直接物理接触或通过系统的开放接口有意操纵电气/电子控制系统的可能。随着车辆自动化程度的增加,保护车辆功能的安全措施也必须不受操纵。为了满足客户对数字时代网络和功能的需求,需要建立可靠的安全概念,为车与车连接的后端系统和客户设备提供足够的保护。汽车信息安全需要保护车辆和用户数据免受未经授权的访问,并防止黑客操纵任何车辆功能。因此,汽车信息安全需要保护客户的隐私和车辆通信数据的完整性,其组件以及其功能的安全操作。在智能车联网到来之际,确保以最高安全标准,以最佳方式保护车辆并符合汽车行业的根本利益。

2.2 智能驾驶的功能安全设计

智能驾驶在驾驶员辅助、车联网、车辆动力学控制以及主动和被动安全系统等领域不断添加新的功能。这些功能的开发和集成大大增加了系统开发活动的复杂程度。那么如何判断智能驾驶系统的设计足够安全,以及如何保证所开发的智能驾驶功能的质量能够满足安全设计的要求?为保证智能驾驶设计的安全可靠性,我们需要系统地分析所有可能的风险,并设计相应的应对措施以使风险降低到可接受的范围之内;为保证系统开发的安全可靠性,我们要加强对安全系统开发过程的管理,并且需要提供足够的证据,以证明所开发的系统能够满足所有合理的系统安全目标。由于篇幅所限,无法对汽车整体安全设计流程进行详细介绍。本节仅以功能安全为例,介绍汽车安全设计的方法。虽然这里的设计方法仅针对功能安全,但稍后在2.5节的案例中我们可以看到,其设计思想可以适用于各类安全分支。

2.2.1 功能安全与 ISO 26262 标准

在2.1.2节介绍了 ISO 26262 标准以及汽车功能安全的概念:如果一个系统不存在由于电子电力系统(E/E 系统)失灵而引发的不合理的风险,则称此系统是功能安全的。可见,功能安全是针对系统发生故障以至其功能失效的情况下,如何保障系统的安全可靠性。其中对于故障与风险,ISO 26262 标准都有着明确的定义。为了便于读者更好地理解稍后的内容,我们首先介绍一下功能安全中的重要概念[12]。

系统:至少涉及一个传感器,控制器和致动器的一组元件(如一辆汽车)。

元件:系统或系统的一部分,包括组件、硬件、软件、硬件部件和软件单元(如汽车的 ADAS,信息娱乐系统或激光雷达)。

项目(相关项):ISO 26262 所适用的实现车级功能的系统或系统阵列。

伤害:人身伤害或人身健康受损。

危害:由于系统故障行为导致的可能带来伤害的情况。

严重程度:潜在危害对一个或多个人的伤害程度。

暴露率:在失灵导致的危害发生时,人员暴露在危害场景中的可能性。

可控性:通过相关人员的及时反应,并在可能外部措施的支持下,避免特定伤害或损害的能力。

风险:伤害发生概率与伤害严重程度的组合。

失效:元件无法继续其所需执行的功能。

失效模式:元件或项目失效的方式。

系统失效:与某种确定的原因相关,只能通过改变设计或制造过程,操作程序,文件或其他相关因素来消除(如软件中的 bug)。

随机硬件失效:在硬件单元的生命周期内可能发生的不可预测的失灵,遵循概率分布(如灯泡的灯丝烧断)。

安全目标:危害分析和风险评估的最高安全要求。

容错时间间隔（FTTI）：单起或多起事故与危害事件之间的时间间隔。
安全状态：项目没有不合理风险的操作模式。
图 2.4 所示为故障、故障检测、安全状态、危险事件、故障容错时间间隔及故障响应时间。

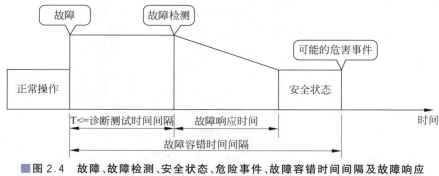

■图 2.4　故障、故障检测、安全状态、危险事件、故障容错时间间隔及故障响应时间

随着智能汽车中的电子技术日趋复杂，系统失灵和随机硬件失灵的风险也越来越大。功能安全的目的就是全面识别这些风险，并且采取相应的措施将风险消除或控制在可接受范围之内。为此，ISO 26262 建议使用危害分析和风险评估（Hazard Analysis and Risk Assessment）的方法来识别这些风险，指定减轻危害的安全目标，并基于系统工程（System Engineering）方法严格控制系统生命周期的每一步以确保产品能够达到安全目标的要求。整个标准有 10 个部分（2011 版），并且标准的大部分章节分别对应于著名的 V 模型的各个开发阶段，如图 2.5 和图 2.6 所示。V 模型最早发源于软件工程，由左侧与右侧两个分支过程组成，其中左侧描述了将产品需求分解为组件的设计与开发过程，而右侧则描述了从组件到整个产品的测试与验证过程。现代系统工程由于机电一体化的普及，将这种方法推向了产品的所有机械、电子和软件组件。

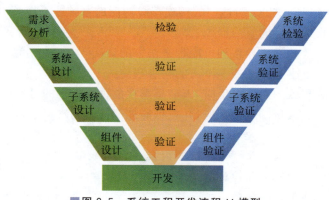

■图 2.5　系统工程开发流程 V 模型

ISO 26262 不仅规定了有关安全生命周期的各个阶段和子阶段的要求，同时也包括适用于安全生命周期的若干或所有阶段的要求，例如功能安全管理的要求。ISO 26262 将安全生命周期分为三个部分（见图 2.7）：概念期、产品开发期和生产发布后。每个部分又分为若干阶段和子阶段。

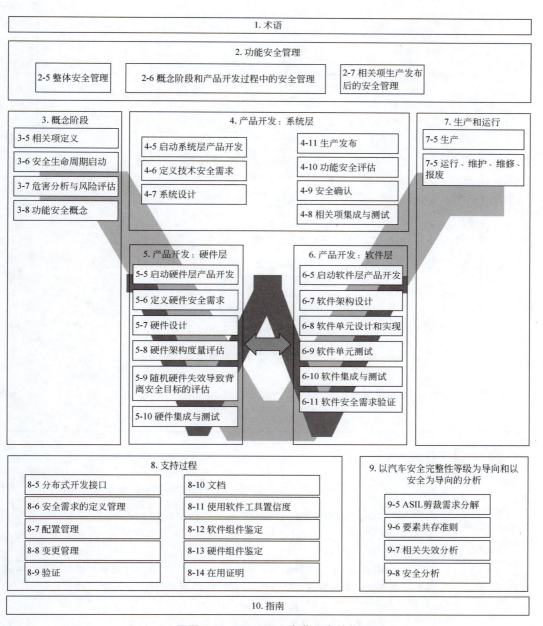

图 2.6 ISO 26262 章节分布结构

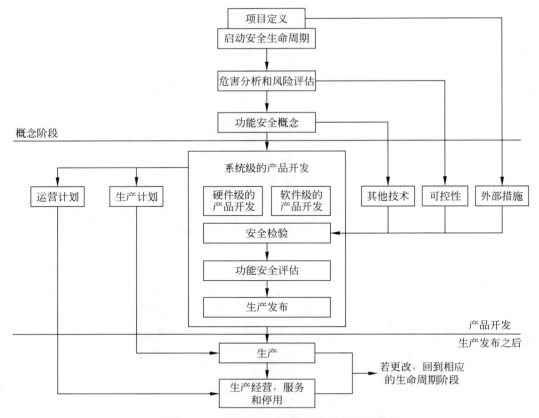

■图 2.7　ISO 26262 汽车功能安全生命周期[12]

每个阶段与子阶段的描述见表 2.5。

表 2.5　ISO 26262 安全生命周期的各个阶段

阶段/子阶段	描　　述
项目定义	根据功能、接口、环境条件、法律要求、已知危害等制定项目描述
启动安全生命周期	根据项目定义,通过区分新开发或现有项目的修改来启动安全生命周期
危害分析和风险评估	首先评估暴露率,危险事件的可控性和严重性。这些参数共同确定危险事件的汽车安全完整性等级(ASIL)。之后确定项目的安全目标。危险事件的 ASIL 被分配到相应的安全目标
功能安全概念	基于安全目标以及初步的项目架构假设构建功能安全概念。功能安全概念由分配给项目元素的功能安全需求构成。功能安全概念还可以包括具有外部措施的其他技术或接口,只要其预期行为可以被验证
系统级的产品开发	构建功能安全概念之后,项目从系统级别启动开发活动。系统开发过程基于 V 模型的概念,包括技术安全需求规范、系统架构、V 模型左分支的系统设计和实现以及右分支的集成、验证和功能安全评估
硬件级的产品开发	基于系统设计规范,项目从硬件级别开展开发活动。硬件开发过程基于 V 模型的概念,其中包括硬件需求的规范以及左分支的硬件设计和实现以及右分支的硬件集成和测试

续表

阶段/子阶段	描述
软件级的产品开发	基于系统设计规范,项目从软件层面开展开发活动。软件开发过程基于V模型的概念,包括软件需求的规范以及左侧分支的软件架构设计和实现,及软件集成和测试,以及右侧分支的软件需求的验证
安全检验	提供产品符合安全目标的证据,以及功能安全概念适用于项目的功能安全性的证据;提供证据证明安全目标在车辆级别的正确性,完整性,并且产品完全实现了安全目标
功能安全评估	评估该项目实现的功能安全性。评估活动由功能安全责任一方发起(如整车厂或负责零件功能安全的供应商)
生产发布	确认该产品已准备好进行批量生产作业
生产	开发和维护旨在安装在道路车辆中的安全相关元件或项目的生产过程,并在生产过程中由相关制造商或负责该过程的个人或组织(车辆制造商、供应商、子供应商等)实现功能安全
生产计划和运营计划	在系统级的产品开发的阶段启动生产和操作的规划以及相关要求的规范工作
生产经营,服务和停用	该阶段涉及与项目的功能安全目标相关的生产过程,即与安全相关的特殊特性,以及项目维护,修理和停用的指导说明的创建和管理,以确保项目生产发布后的功能安全性
可控性	在危害分析和风险评估中,需考虑驾驶员或其他受风险影响的人控制危险情况的能力。关于危害分析和风险评估的可控性以及功能和技术安全概念所提出的假设需要在安全验证期间得到验证
外部措施	外部措施是指项目定义中规定的项目之外的措施,可以减少或减轻项目产生的风险。外部措施不仅包括其他车载设备,如动态稳定控制器或泄气保用轮胎,还包括车辆外部的设备,如防撞栏或隧道灭火系统。在安全验证过程中验证了项目定义中的外部措施,危害分析和风险评估以及功能和技术安全概念的假设。可以在危害分析和风险评估中考虑外部措施。但是,如果在危害分析和风险评估中从外部措施中获取信用,则该外部措施不能被视为功能安全概念的风险降低
其他技术	其他技术,例如机械和液压技术,与 ISO 26262 范围内的电气和/或电子技术不同。在安全需求分配阶段,可以在功能安全概念的规范中考虑这些技术

2.2.2 功能安全设计

功能安全概念贯穿了整个 V 模型。这里重点介绍从危害分析到导出功能需求的整个流程,即功能安全的 V 模型左支上半部分,如图 2.8 所示。其中右侧描绘了汽车功能需求开发的过程,左侧则描绘了对应的功能安全概念构建的过程。我们知道,基于 V 模型,产品的开发过程遵循自顶而下的原则:从用户功能用例的角度,首先确定的是产品的最顶层功能需求(即车辆项目级别的需求)。通过逐层分解与精练的方法,将系统功能需求首先分解为若干功能模块以及对应的功能需求,而功能的实现方法(例如通过软件还是硬件,或软硬件系统)则通过进一步的分解,以系统技术架构设计的形式完成。最后,基于系统技术架构,可提炼出每个系统部件的技术需求。针对功能与技术两个不同的抽象层次,相应的安全概念也分为功能安全概念与技术安全概念两个部分构建。这两个阶段构成了对系统安全目标的逐层分解。最终,开发人员基于技术需求以及技术安全需求进行软硬件的实现。

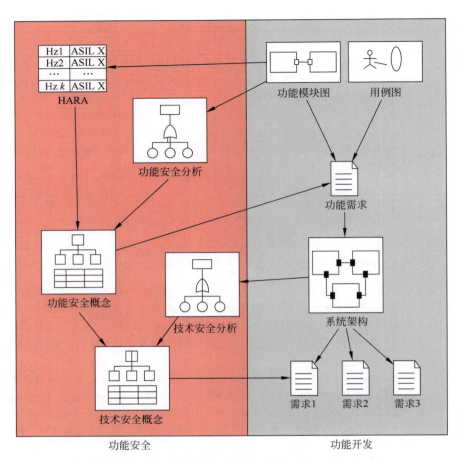

■图 2.8　功能安全与产品开发在 V 模型中的相互影响

从功能架构到技术架构的跨越通常也伴随了从 OEM 到供应商的跨越，因此安全概念需要 OEM 与众多供应商一并协作完成。在 ISO 26262 标准中，并没有 OEM 与供应商的角色区分，所以在实践过程中需要在遵循标准原则的情况下灵活地实现相关的要求。另外，V 模型是一个相对理想化的模型，每个阶段的工作都基于前一个阶段的成果开展。在实际项目开发过程中，因为无法完美预知实际情况，往往伴随着大量的需求更改（CR）过程，因此整个 V 模型的实施往往伴随多轮局部的迭代。如今随着软件占比的增加，很多开发组织也在尝试将敏捷开发等快速迭代模型与 V 模型进行深度整合以更好地适应软件开发的需求。

构建功能安全概念所需的输入信息来源于功能安全开发过程（例如项目定义和危害与风险分析）与项目定义（功能描述和功能架构）。其他输入信息则可在产品开发过程中得到，包括系统需求、系统体系结构以及系统组件的功能分配等。下面重点介绍安全概念构建过程的各个组成部分。

功能架构与功能描述：功能架构和功能描述以独立于技术的方式描述系统的功能。面向功能的设计将系统的整体功能划分为子功能，并可进一步细分，直至确定输入和输出数据。对于作用域的每个用户功能，可以根据需要创建功能体系结构。而这种功能架构的划分也是递归的。

如图2.9所示,汽车功能架构分为三个子功能:动力功能系统、巡航控制功能系统以及制动功能系统。巡航控制功能系统又可分为基本巡航控制功能、自适应巡航控制功能以及自动巡航控制功能。

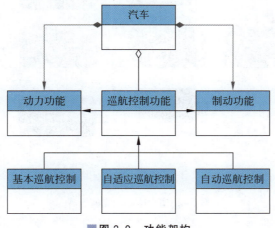

图2.9 功能架构

项目定义:项目定义的目的是描述,定义或划分考虑单位。描述了它们与环境和其他对象的依赖关系和交互。此外,项目定义描述了观察单元最重要的功能、用例、假设和边界条件,以便有助于全面了解系统或功能。项目定义是经典开发过程的工程师与安全专家之间合作的结果。它是根据ISO 26262标准开发的基础之一。安全概念最重要的产品是功能描述和功能架构。功能描述表示用户可以体验的项目的所有功能以及它们如何在功能上实现。功能架构以图形方式描述了功能的实现。

危害分析与风险评估(Hazard Analysis and Risk Assessment,HARA):风险和危害分析是产品研发人员与功能安全人员以及其他领域专家之间合作的结果。其目标首先是要求识别所有因项目故障可能导致的危害;其次是要对所识别的危害大小进行评级,在ISO 26262中使用汽车安全完整性等级(ASIL)对危害进行评级分类;最后还需针对危害级别制定安全目标,以预防危害发生或减轻危害的影响,从而避免不合理的风险。这其中还包括确认容错时间以及安全状态。图2.10所示为HARA整体流程。

危害识别(Hazard Identification):ISO 26262规定,应以使用适当的技术系统地确定危害。常用的系统级别的危害识别方法有FMEA、HAZOP、清单、头脑风暴、实地研究、质量历史研究等,其中:

(1) FMEA:是一种白盒方法,基于系统结构及其功能的描述,导出系统元件所有可能的失效模式并确认每个失效模式对系统的影响。

(2) HAZOP:是一种黑盒方法,基于系统接口的描述以及其输出数据流的正确预期行为,通过使用关键字导出系统失效模式。常用关键字如过高、过低、过晚、反向等。

通过使用FMEA和HAZOP等系统性方法,以及头脑风暴等启发式方法,我们可以尽可能完整地检查所有可能的失效行为。为了确定失效行为的后果,则需根据所考虑的情况评估事故后果的严重程度和所发现危险的可控性,确定危害等级以及相应的安全完整性等

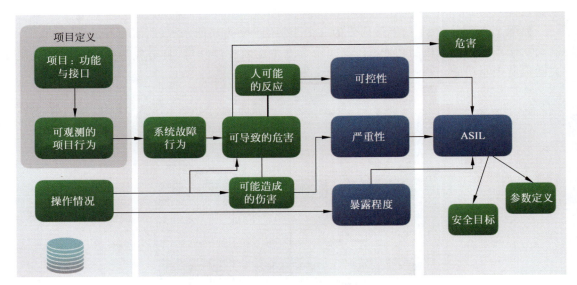

图 2.10　HARA 整体流程

级。从危害本身的角度出发,安全目标(如果存在),安全状态和容错时间必须由独立实体机构分别加以确定和检查。在确定安全完整性等级之后,通过 ISO 26262 标准可以确定软硬件开发过程所需的度量指标。对于硬件随机失效,可以确定其随机硬件失效概率度量(PMHF),单点故障度量和潜伏故障度量。对于软件开发过程,则可确定相应的开发方法与检测方法要求。

ASIL(汽车安全完整性等级):ISO 26262 中使用汽车安全完整性等级对危害进行评级分类,并按程度高低分为 5 个级别(QM 以及 ASIL A、ASIL B、ASIL C、ASIL D)——危害越大则对应的 ASIL 级别也越高。ASIL A 为最低安全完整性级别,ASIL D 为最高,而 QM (Quality Management)表示 ISO 26262 对其功能安全不做要求。从项目功能安全的角度,ASIL 的级别也代表了项目针对某安全目标或安全需求的可靠程度,ASIL 级别越高,则项目满足安全目标或安全需求(从而避免危害发生)的能力越强。

根据以上定义,ASIL 等级是针对某危害(或应对危害的安全需求)而言的,而不是针对某系统或项目而言的。因此,"某产品模块达到 ASIL D"这种说法是不符合标准定义的。ASIL 的级别由危害的暴露程度、严重性以及系统在危害发生时的可控性三个因素共同决定。通过暴露程度与可控性,可共同确定危害发生的概率(暴露程度越高,可控性越差则危害可能性越高)。危害发生概率越大,并且危害后果越严重,则危害的风险越不可接受。如图 2.11 所示,我们大致可用一条直线分割可接受与不可接受的风险(实际情况可能复杂很多),那么在尚未加入安全措施之前,如果所考虑的危害的风险是处于不可接受一侧的,则需要通过与此危害的 ASIL 相匹配的安全措施,将风险控制到可接受一侧。

ISO 26262 中规定的 ASIL 计算方法如表 2.6 所示。其中 C、E、S 分别代表可控性、暴露程度及严重性。其中可控性与严重程度均分为 4 档,而暴露程度分为 5 档。

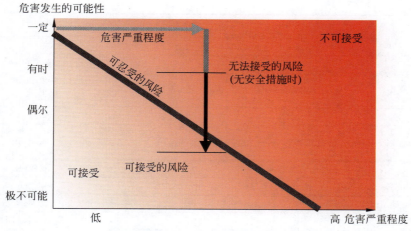

■图 2.11　风险评估示意图

表 2.6　ASIL 计算表

严重性 S	暴露程度 E	可控性 C		
		C1	C2	C3
S1	E1	QM	QM	QM
	E2	QM	QM	QM
	E3	QM	QM	ASIL A
	E4	QM	ASIL A	ASIL B
S2	E1	QM	QM	QM
	E2	QM	QM	ASIL A
	E3	QM	ASIL A	ASIL B
	E4	ASIL A	ASIL B	ASIL C
S3	E1	QM	QM	ASIL A
	E2	QM	ASIL A	ASIL B
	E3	ASIL A	ASIL B	ASIL C
	E4	ASIL B	ASIL C	ASIL D

可见,若危害三元素中存在任一 0 档,则不需要对其 ASIL 进行评级。
典型汽车安全需求/危害的 ASIL 等级如表 2.7 所示。

表 2.7　典型汽车安全需求/危害的 ASIL 等级

	等级			
	S0	S1	S2	S3
描述	无伤亡(no injury)	轻微程度受伤(light and moderate)	严重或威胁生命的伤害(可能幸存)(severe and life-threatening)	威胁生命的伤害(可能无法幸存)(life-threatening injuries),致命伤害(fatal injuries)

续表

等级				
C0	C1	C2	C3	
描述 一般可控(in general controllable)	简单可控(simply controllable)	通常可控(normally controllable)	难以控制或不可控(difficult to control or uncontrollable)	
E0	E1	E2	E3	E4
描述 难以置信(incredible)	极低可能性(very low)	低可能性(low)	中度可能(medium)	高可能性(high)

故障功能	情况	E	结果	S	可控性	C	ASIL	危害
制动失灵	停车	E4	撞到行人	S3	无控制,无反应	C3	D	制动失灵

功能组件	故障	ASIL
引擎管理	未许可的加速	ASIL C-D
安全气囊	非意愿下释放	ASIL D
仪表组	关键信息丢失	ASIL B
后灯	两侧后灯失灵	ASIL A
后置摄像头	无合法传感器数据	ASIL B
制动灯	两侧制动灯失灵	ASIL B
防抱死系统	未许可的全功率制动	ASIL D
主动悬挂	悬架震荡	ASIL B-C
视觉 ADAS	错误的传感器反馈	ASIL B
电动助力转向	未经许可的自动转向	ASIL D
雷达巡航	非意愿下制动	ASIL C
前灯	两盏前灯全部失灵	ASIL B

确定安全目标：安全目标是项目的最高层级的安全需求。通过安全目标，可以导出为避免相应危害的不合理风险的所有功能安全需求。每个危害都需有一个安全目标与之对应，并且其 ASIL 与其危害的 ASIL 一致。需要注意，安全目标应该描述功能上的目的而不是技术解决方案。如：对于危害"未经授权的加速-ASIL C"，安全目标为"防止未经授权的加速-ASIL C"。若系统通过保持或进入安全状态可达到安全目标，则需要在定义安全目标的同时一并定义相应的安全状态。

系统需求：系统需求是经典开发过程的产物，描述了车辆级系统功能并对系统组件提出了要求。

系统架构：将功能分配给系统各个组件。

系统架构出现在经典的开发过程中，从系统要求出发，代表了系统在车辆层面的技术转换。在将功能分配给技术体系结构时，抽象功能被分配给技术系统组件。此分配必须是唯一的。它代表了功能安全概念和技术安全概念之间转换的重要输入信息，以及技术安全概念本身。分配的形式可以变化，通常以表格或图形表示。

如图 2.12 所示，之前讨论过的汽车软件功能架构可以通过精炼后的软件技术架构得以实现，如通过图示使用基于模型的开发工具 Simulink 实现。

安全概念：分为功能部分和技术部分，下面将对其进行说明。安全故障分析和安全策略构成了功能和技术安全概念的主要组成部分，安全案例需要分别对两者进行描述。

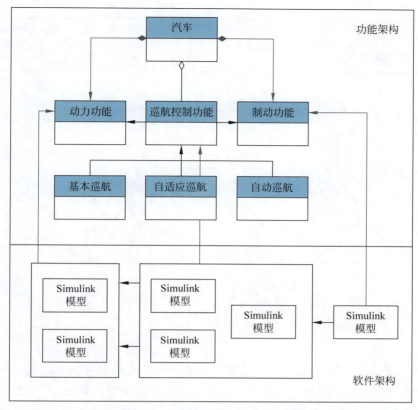

■ 图 2.12　功能架构与软件技术架构

构建功能安全概念：功能安全概念是车辆级安全概念的一个组成部分。其目标是指定功能安全的需求，并作为技术安全概念的输入。其中，安全目标是项目的最高安全需求。采用分治法的思路，为了达成安全目标，需要保证项目的各个组成部分都满足相关的安全需求。为满足所有安全目标的所有功能安全要求，必须处理所有可能的危害。而为处理危害，必须首先找到造成危害的原因。在 ISO 26262 的范畴内，危害的原因是系统中的各类失效行为。因此需要对失效行为进行分析以确定故障行为。功能安全概念即是制定由众多安全需求组成的安全策略，以解决故障行为带来的危害。

通过构建功能安全概念，我们将安全目标分级逐步分解为若干功能安全需求，并将各个安全需求分配给系统项目的相应组件或外部措施。因此，可以把功能安全概念看作一个论述如何分解顶层安全目标至底层的各个功能安全需求的过程，而功能安全概念的正确性则可以保证，对所有功能安全需求的正确实现可以使得顶层安全目标得以满足。

功能安全概念构建阶段的输入是从 HARA 得到的系统危害与安全目标，以及从项目定义得到的系统描述以及功能架构。功能安全概念的构建可通过三个阶段完成：安全分析（故障分析）、导出功能安全需求（如构建 GSN 树）、分配功能安全需求。

安全分析（故障分析）：采用系统方法分析所有可能违反安全目标的功能故障模式，其中常用的分析方法除了之前介绍的 FMEA、HAZOP，还有故障树分析、事件树分析等（见表 2.8）。故障树分析案例如图 2.13 所示。

表 2.8　常用安全分析方法

事件树分析(ETA)	以系统内部的(多个)单元模块事件为起点，自底而上按时间顺序逐层递推至危害事件的发生，从而将系统模块失效起源与系统失效的关系以树形结构表示
故障树分析(FTA)	以系统失效模式为起点，自顶而下使用逻辑门分解，层层递推直到基本原因事件

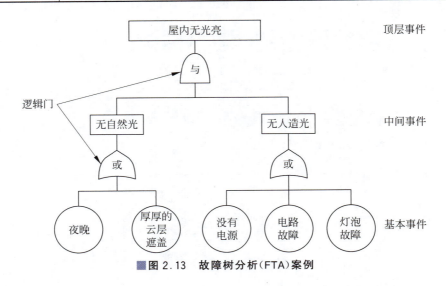

■ 图 2.13　故障树分析(FTA)案例

　　针对失效模式，我们设计相应的功能安全需求。每个失效模式至少需要对应一个安全需求。对于高 ASIL 级别的项目，需求可采用半形式化语言进行描述，并可使用树形结构（如 GSN）描述需求分解过程。最后，基于此需求分析以及系统技术架构图，可将各个层次的技术安全需求与系统架构图进行映射（分配），并在必要的情况下对系统架构做修改，以支持安全需求所对应的安全策略方法。

　　技术安全概念：车辆安全概念的另一个组成部分是技术安全概念，通常称为系统安全概念，其目标是完成技术安全需求规范和技术解决方案。构建技术安全概念，需要考虑系统技术架构，功能需求到技术架构的分配，以及功能安全需求。作为整体规范的一部分，安全需求规范为供应商提供安全概念的输入信息。在实践中，技术安全需求一般由整车厂提供给供应商，每个安全需求作为一个安全目标由供应商实现。与功能安全概念类似，在构建过程中每个安全目标都被分解为相应的技术安全需求：这些技术安全需求的总和必须满足此安全目标。可见技术安全需求源自功能安全要求，但更加深入系统架构和技术层。在技术层面，危害产生的原因是系统中的技术故障，例如"电路短路"。因此我们必须通过故障分析得到可导致系统失效行为的技术故障并开发相应的技术安全策略，之后还应验证技术安全需求是否可以避免或有效管控对应的安全风险。技术安全需求一般通过相关的系统组件实现（例如针对短路可使用熔丝）。以下重点介绍 ISO 26262 针对软硬件功能安全的冗余设计。

2.3　ASIL 分解与冗余功能安全

　　ISO 26262 将失效类型分为了系统失效与硬件随机失效两类。系统失效的原因是系统设计时的缺陷，主要是由设计人员的失误所导致的，例如软件编写过程中的 bug，或硬件设计中的错误等。硬件随机失效则是由于硬件材料老化引起的物理性硬件失灵。针对系统失效的原因，ISO 26262 提供了一系列的过程管理建议与系统设计与检测建议，以规范系统设计并加强对开发活动的约束，从而达到提高系统设计质量与可靠性的目的。这里需要注意，ISO 26262 并未要求所开发的产品完全杜绝系统失效，而是建议通过加强过程管理与科学设计及检验，最大限度地减小系统失效的可能。具体来讲，标准为每个 ASIL 等级的安全需求都做出了相应的建议，并使用三个等级对推荐强度进行了分类（圆圈表示无要求，＋表示推荐，＋＋表示强烈推荐）。例如软件编写过程中，标准建议代码编写需满足相关的规范，采用分层软件架构，并限制每个系统模块的复杂程度（如接口与代码量）。对于 ASIL C 与 ASIL D 的安全需求，强烈建议通过增加控制流监控提高系统运行的可靠性。在软件验证方面，强烈建议对 ASIL A 级别的功能实现代码进行通读（walk through），对高 ASIL 级别的功能实现代码进行审查（inspection）。

需要注意的是，ISO 26262 中的很多建议条款都采用了定性而非定量的描述方法（如表 2.9 所示），因此对于具体的项目，并没有直接可供参考的方法。

表 2.9 软件架构设计原则

方法		ASIL			
		A	B	C	D
1a	软件组件分层结构	++	++	++	++
1b	限制软件组件的大小	++	++	++	++
1c	限制软件接口的规模	+	+	+	+
1d	软件组件高内聚	+	+	+	+
1e	限制软件组件之间的耦合	+	++	++	++
1f	合适的调度属性	++	++	++	++
1g	限制中断的使用	+	+	+	++

对于高 ASIL 级别功能如 ASIL D，标准对其设计与验证的要求是非常严苛的。如果安全需求的实现较为复杂，则在实践中很难将标准中 ASIL D 所需遵循的法则应用于开发过程之中。因此，除了通过分层与模块化等设计思想化繁为简，标准还建议采用 ASIL 分解的方法降低系统设计难度。ASIL 分解实质上是通过额外的冗余部件实现安全，这也是安全攸关系统通用的安全可靠性保障方法。如图 2.14 所示。

对于高 ASIL 级别的安全需求，标准允许将其在满足附加需求条件的情况下分解为两个低 ASIL 级别的安全需求。其中一个安全需求可使用相对复杂的方法实现，并被赋予一个相对较低的 ASIL 级别从而降低其开发与验证的难度。而另一个安全需求则作为冗余实现，其安全需求也相对更高，但其实现往往也更加简化。图 2.15 是一个 ASIL 分解的典型案例。

安全功能 1 需要满足 ASIL D，可以将其分解为两个实现同样功能的低 ASIL 等级的需求，其中复杂的功能实现可遵循 ASIL A(D)开展，而冗余安全功能实现则可遵循相对较严格的 ASIL C(D)级别实现。两个需求均实现原始需求同样的功能，当两者计算结果发生不一致的情况时，系统认为工作正常。而当两者计算结果发生分歧时，系统采用 ASIL C(D)对应模块的输出结果作为最终结果。这里需要注意的是，校验模块功能必须遵循 ASIL D实现，以保证全部功能需求符合 ASIL D 的要求。

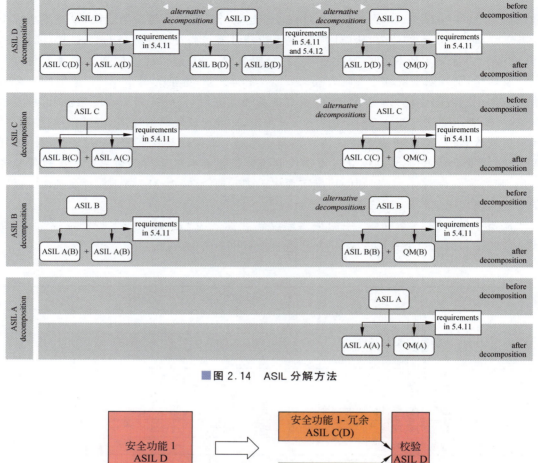

图2.14 ASIL 分解方法

图2.15 ASIL 分解示例

回到图2.14的ASIL分解,对于绝大部分情况,可以发现标准规定ASIL分解需满足条款5.4.11:即分解后的两个安全需求必须有足够的独立性。唯一的例外是对于ASIL D分解为两个ASIL B级别需求的情况,此时分解需满足条款5.4.11与5.4.12,即除了要求需求相互独立,还需要保证分解需求满足ASIL C的规范要求,并且开发工具需满足ASIL D的要求。

分解需求的独立性是指两个需求不可有共因失效(common cause failure),即同一个原因可导致两个需求同时失效。在图中,若经过分解的安全功能1与其冗余存在共因失效,则当共因失效发生时,功能1与其冗余仍然会得到同样的计算结果,经过校验并无法检测出此失效行为,安全需求无法得到保障。因此,在实施ASIL分解时,将同一段代码功能复制,或重复使用同一型号的硬件等方式无法避免共因失效,是不符合ASIL分解要求的。在实施ASIL分解的过程中,工程人员必须给出足够的理由与证据证明分解后需求之间的独立性以及其工程实现方法对这种独立性的支持。

冗余的概念同样适用于处理硬件随机故障的情况。对于某些高 ASIL 级别的需求所采用的硬件，如果其故障发生率较高，则可以通过添加冗余零件的方法降低整体故障发生率。

图 2.16 为飞思卡尔处理器硬件体系结构。其提供了两套核心 e200z4 处理器以及独立的内存单元。它提供了锁步模式(lock-step mode)，使得同一个控制程序可以在两套处理器平台同时运行，并且保证在每条指令执行后，其结果均可通过 RC 交叉校验。若其中一套硬件系统发生了硬件故障，则交叉校验可发现结果不一致，并采取相应的措施使得系统回到安全状态。这类硬件平台通过硬件复制的方式实现系统冗余，可以应对任一单套系统随机硬件故障失灵。但需要注意的是，这种设计无法避免硬件设计错误而导致的系统失灵。若处理器的设计本身存在缺陷，则缺陷会被复制到两套冗余系统中。

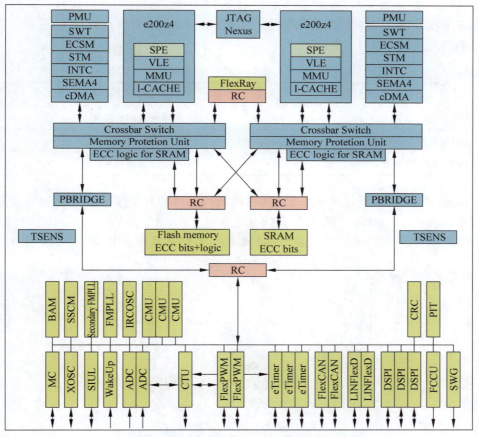

■图 2.16 飞思卡尔 MPC 5563L 硬件冗余

2.4 其他相关安全标准与技术

2.4.1 预期功能安全与 SOTIF 标准

汽车驾乘阶段的安全性对汽车行业至关重要。近年来，车辆中包含的先进功能的数量大幅增加。这些功能大都依赖于由电气和/或电子(E/E)系统实现的传感器、复杂的算法以及制动器。即使在系统没有故障的情况下，如果基于传感器输入数据，由处理算法做出的关于环境的决策出现失误，这些系统也可能导致违反安全需求的行为。因此与 ISO 26262 功能安全不同，预期功能安全(Safety Of the Intended Function，SOTIF)是针对系统所有部件运行正常的情况下，处理由于系统的功能局限性所导致的误判而引发的危害。SOTIF 对于智能驾驶意义非凡。智能驾驶大量采用各类传感器与人工智能算法，实时对环境与汽车驾乘状态进行解读，判断并基于这些信息自动决策。特斯拉自动驾驶致死的案例以极端的方式向我们警示了 SOTIF 安全的重要性。近两年 ISO 一直致力于 SOTIF 标准的制定，但至今仍未颁布任何相关标准。不过从其他相关标准，我们仍然可以看到 SOTIF 的进展以及其受重视的程度，例如 ISO 26262 第二版已将 SOTIF 纳入概念定义。我们从 SOTIF2017 版的草案可以看到，其对所谓预期功能的定义为：项目(item)所规范的行为，包括项目与其他项目的交互。规范包括如表 2.10 所列。

表 2.10 SOTIF2017 草案规范

SOTIF2017 草案规范的行为	对可预见的不当使用的处理
所声明的自动化水平	对其他系统的假设
预期的驾驶员行为	（自动驾驶操作的）触发事件
预期的用例描述	所规范行为的目的

从表 2.10 可见，自动化驾驶程度已经明确列入了 SOTIF 的范畴之内。草案预期功能安全的定义为：不存在因预期功能所致的不合理的风险。与 ISO 26262 类似，SOTIF 标准草案同样建议将 SOTIF 安全过程整合到汽车系统开发的 V 模型中，如图 2.17 所示。

图 2.17 SOTIF 与 ISO 26262 在 V 模型的整合

从图中可见,草案试图将 SOTIF 与 ISO 26262 进行整合。在其推荐的 V 模型中,SOTIF 安全与 ISO 26262 功能安全同样伴随着 HARA、风险评估、功能概念、功能改进、验证等阶段,并且与功能安全在不同时期进行交互。对于不同的系统部件,SOTIF 的实现难度也有所不同。例如,对于雷达等硬件系统,其采集的原始数据的准确性一般都满足某种概率分布,因此可以对其性能局限有较好的刻画。而对于高级数据处理算法如神经网络等目标识别分类器,其可靠性测试在学术界都是尚未完全解决的难题。因此,SOTIF 标准的推出乃至实践还需经历一个相对较长的过程。与此同时,很多智能驾驶的先驱公司都已经在不断实践与完善 SOTIF 安全,在本节读者可以看到目前 SOTIF 在这些公司的智能驾驶产品中的进展。

2.4.2 智能安全与责任敏感安全模型

在上一节我们看到,实现智能驾驶系统的 SOTIF 面临的挑战是十分巨大的。这其中最大的挑战之一来自智能驾驶系统采用了大量的人工智能算法。例如在传感层,基于深度卷积神经网络的视觉方法被大量使用在实现诸如交通信号、行人等目标识别检测中。而决策层则使用如强化学习的方法生成规划路线。此类方法最大的问题在于其算法的不可解释性:神经网络经过大量训练,自动生成与捕捉所测试目标的各种标签属性。而此过程无法在所训练的网络中以逻辑与结构化的方式直接或间接地体现出来。因此如何设计有效的方法以判断所采用的人工智能足够胜任安全需求是非常困难的。例如,已经有研究表明,看似经过大量成熟测试的神经网络很容易通过某些手段被欺骗而做出错误决策。另外一个挑战来自智能驾驶所处环境的复杂度:包括各类天气、道路状况、交通规则、路况以及各种突发事件等。理想的智能驾驶系统需要对所有可能遇到的状况做出正确的识别与判断。如果系统测试遗漏了某个重要的情况,则有可能导致在遇到此状况下的危害。综上,基于人工智能的自动驾驶系统往往需要经历大量模拟与真实的测试(百万公里为单位),而即使是这样高强度的测试仍无法从根本上保证其安全可靠性。

从以上讨论可以看到,如何针对智能驾驶的上下文设计新的有效的安全解决方案就是智能驾驶得以普及所需解决的最大问题。在此背景下,近期英特尔旗下的子公司 Mobileye 提出了责任敏感安全模型(RSS),并得到了包括 Valeo、百度、大众等整车厂与供应商的支持。RSS 的设计思想是,保证自动驾驶系统足够小心,使其永远不会成为事故原因的一部分。换句话说,自动驾驶车辆不应该引起事故,通过保持足够的谨慎以弥补其他司机的小错误。因为 RSS 基于数学模型构建,其天然是可解释的,并可通过数学(形式化)方法进行严格的验证。举一个简单的例子,假设在一条笔直的公路上仅有前后两辆车,则若这两辆车可保持一个安全距离,则在任何情况下都不会发生追尾事故。这个场景不需通过人工智能,而仅通过简单的运动学数学模型即可加以描述与验证。基于同样的原理,RSS 对各类复杂场景进行了严格数学建模。因此,RSS 就像给人工智能驾驶系统增加了一个"安全密封",使得人工智能的决策在任何时候都安全可靠。同时,RSS 还通过适当的假设平衡安全性与舒适度。另外,RSS 的定义与其实施方式无关。在 Mobileye 的论文中,开发人员通过将 RSS 模型与语义方法融合,使得仅用少量的训练,就可将基于强化学习的路径决策方法的每小时死亡率降低至 10^{-9}。

对比 RSS 使用的方法与之前所述的 ISO 26262 安全冗余的概念,可以发现 RSS 其实是作为一层附加的安全冗余而存在的。无 RSS 监督的人工智能决策即相当于使用人工智能系统作为安全级别较低的功能实现方法,而 RSS 则是独立于人工智能决策方法之外的一套监控系统。RSS 模型本身不定义具体的规划路线,而是定义了安全边界,即什么样的行为是不被允许的。因此人工智能的决策路线就被限制在安全边界范围内。而在人工智能出现问题的情况下,可通过 RSS 的安全冗余保证整体系统的安全可靠。由于 RSS 采用完全不同的方法建模,其可以保证与人工智能算法不存在共因失效。而其简洁与严格的设计使得其实现也更加容易,并且可以通过形式化验证保证其正确性。这些因素共同保证了基于 RSS 系统的高安全性能。

2.4.3 信息安全与 J3061 标准

智能驾驶很重要的概念之一是智能车联网。随着车载以太网、DSRC 等车联网技术的发展,智能汽车的开放程度越来越高,这使得汽车暴露在网络攻击的威胁之下。与系统安全一样,信息安全也应该内置于设计中,而不是在开发结束之后再添加。将网络安全纳入汽车设计,需要研发人员构建从概念阶段到生产、运营、服务、退役的适当生命周期过程。SAE 于 2016 年初发布了 J3061 标准,其中描述了一个完整的汽车信息安全生命周期流程框架,并且开发组织可以根据其公司内部的流程对此框架进行定制。此标准描述的过程框架类似于 ISO 26262 功能安全标准中描述的过程框架。这两个过程虽然有所区别,但是彼此相关,因此与 SOTIF 草案类似,J3061 标准建议将其与 ISO 26262 进行整合,并在必要阶段保持相互通信,以便保持产品开发组织内部的功能安全过程与其网络安全过程之间的一致性和完整性。

J3061 指出,系统安全是指不会对生命、财产或环境造成危害的系统状态。而系统网络安全(信息安全)是指系统不存在因为利用漏洞导致的损失,例如财务、运营、隐私或安全损失。可见,所有安全攸关系统都是网络安全攸关系统,因为网络攻击可导致系统安全受到威胁。而网络攻击则不一定会导致系统安全危害,例如导致泄露驾驶人隐私的攻击不会对驾乘安全造成影响。因此信息安全所处理的危害情况比系统安全要更丰富更复杂,而且由于某些情况会导致系统危害,信息安全分析还需将这些情况识别出来。

网络安全并不是一个新的概念,在经典的 IT 领域已经存在很多成熟的网络安全解决方案,因此在汽车信息安全领域,工程师很可能会照搬一些既有的解决方案,简单遵从一些所谓的"最佳实践方法"(best practice),例如在原有车联网系统中引入加密与认证授权等方法,而不是去从系统工程的角度考虑全面系统的解决方法。这种以点代面解决问题的方法对于信息安全是极其危险的,因为其往往会导致系统的某些部分的漏洞无法被发现并解决,而使得黑客通过此漏洞步步为营,逐层渗透至系统的关键部分。因此 J3061 标准建议通过系统工程方法将信息安全建构于整体系统设计之中,而不是将其添加于现有系统中。与功能安全类似,标准将信息安全的系统工程方法与 V 模型进行了整合。两者的开发过程对比如图 2.18 所示。

■图 2.18　功能安全与信息安全开发过程对比

2.4.4　其他标准

Automotive SPiCE：Automotive SPiCE 是一个软件开发过程的成熟度框架，是由欧洲的主要汽车制造商共同策定的面向汽车行业的流程评估模型。它的目的是，改善搭载于汽车上的电子控制单元（ECU）/车载计算机的质量，在汽车行业中用于评估相关组织的软件或嵌入式系统开发流程的能力和成熟度。它是 ISO 15504 的变体，可根据汽车行业的需求量身定制。其遵循 V 模型，参考模型如图 2.19 所示。

此标准与 IT 成熟度模型 CMMI 类似，将汽车软件开发过程的成熟度分成了 0 到 5 共 6 个级别，如图 2.20 所示。

将开发成熟度在 ISO 26262 中，对于 ASIL 级别为 QM 的软件需求，可采用遵循 Automotive SPiCE 的开发流程加以实现。其中能力级别 3 定义为基于组织标准流程，以部门单位执行业务工作的阶段。因为只有达到能力级别 3 才能够持续稳定地实施多个开发项目，所以汽车制造商要求配件供应商要达到能力级别 3。同时，功能安全（ISO 26262）所要求的安全文化，流程设施等的建立，都需要达到能力级别 3。

MIL-STD-882E：美国国防部系统安全标准实践。该系统安全标准实践是国防部所确认的系统工程方法，以尽可能消除危害，并最大限度地降低无法消除危害所带来的风险。此标准是军用汽车设计的必备实践。

FMVSS：美国联邦机动车辆安全标准。这些联邦安全标准是机动车辆或机动车辆设备的受管制物品的最低性能要求。每个标准都需要满足机动车辆的安全需求。FMVSS 中的机动车辆安全意味着机动车辆或机动车辆设备的性能，以保护公众免受因机动车辆的设计，构造或性能而发生的不合理的事故风险，以及不合理的死亡风险或在事故中受伤。机动车辆安全还包括机动车辆的非操作安全性。

AUTOSAR：汽车开放系统架构。该标准是一个自愿性质的汽车行业标准，由一组描述软件架构、应用程序接口和方法的规范组成。该标准的主要目标是促进不同车辆和平台变体的可扩展性，整个网络的可转移性，多个供应商的集成，整个过程的可维护性，支持整个产品生命周期，以及车辆使用寿命期间的软件更新和升级。

MISRA C：是汽车工业软件可靠性协会的使用指南。此指南对关键系统中的计算机编程 C 语言进行了系统的规范。此指南是在安全相关的汽车嵌入式系统中使用 C 语言的志愿性质的汽车行业标准。

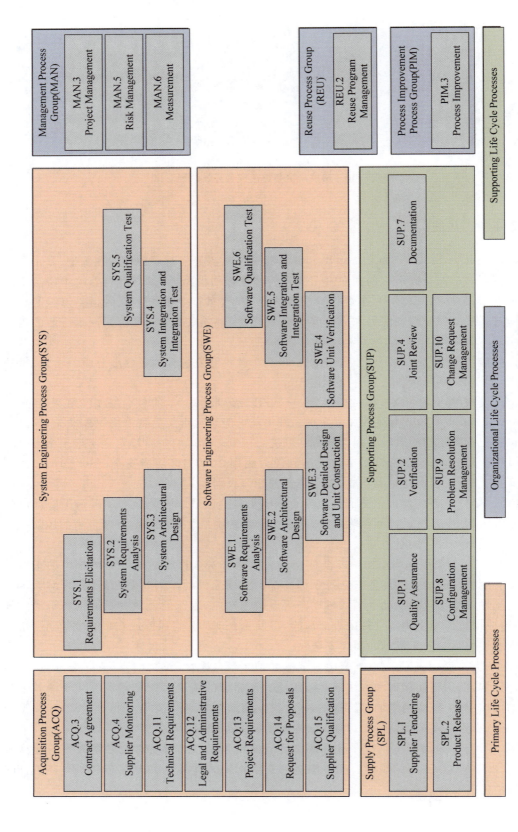

图 2.19 Automotive SPiCE 参考模型

■图 2.20　Automotive SPiCE 成熟度级别

2.5　智能驾驶安全设计案例

2.5.1　丰田(Toyota)

自 20 世纪 90 年代以来,丰田一直从事自动驾驶技术的研究和开发,旨在为彻底消除交通伤亡事故做出贡献。在 2017 年丰田发布的自动驾驶白皮书中,丰田强调,采用自动驾驶技术的车辆将为社会带来诸多益处,但首要任务之一是帮助提高交通环境的安全性。未来的汽车将足够智能使得人类无须干预驾驶过程,但丰田认为在人类和汽车之间建立伙伴关系将带来最大的安全优势。丰田称之为"移动队友概念(Mobility Teammate Concept)"。

丰田通过三个不同的支柱来处理汽车安全:人员、车辆和交通环境。在此框架下,公司不仅致力于开发新的安全技术,还致力于扩大安全教育计划以及与政府和其他利益相关者的合作伙伴关系,以改善道路和其他交通基础设施的建设。

丰田通过使用各种事故调查数据分析车辆相关事故和乘员受伤的原因。在各种模拟中重建事故,以帮助其开发安全技术。丰田在新车发布前会对实际车辆进行实验。发布后,通过评估可能发生的任何事故来评估新车所使用技术的有效性。丰田努力从实际事故中学习以满足行业更高的安全标准。以上一系列的工作都与丰田的基于安全的管理理念相统一,针对各种驾驶场景包括停车、主动安全、碰撞前安全、被动安全和救援,分别提供最合适安全系统来对应,而且通过各个系统的协作提高车辆安全性能推进车辆的安全开发。

图 2.21 所示为丰田汽车安全架构图。

2.5.2　通用汽车(General Motors)

通用汽车致力于打造 L5 级别的自动驾驶汽车,使车辆的计算机完全控制加速、制动和转向,并能够做出正确的决定,以便在路上安全驾驶。通用汽车的智能驾驶愿景包括零碰撞、零排放与零拥堵三个概念。为了实现零碰撞的愿景,通用汽车力图在汽车周期的每一步都保证安全。他们认为,一辆安全的智能驾驶汽车无法基于已有人工驾驶汽车的基础上以即插即用的方式扩展实现,其设计必须从头开始。在创建和改进驱动汽车的技术时,通用汽车在所有车辆系统(机械、电气和计算机)的设计、开发和验证中全面应用其系统安全计划,并且综合应用了航空航天、医疗设备、军工等安全标准,在每一步都优先考虑安全性。系统

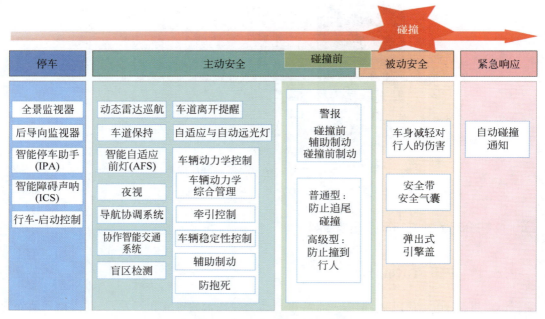

图 2.21 丰田汽车安全架构

安全分析被应用于每个系统的功能,需要彻底分析每个系统以识别安全风险和挑战,并消除或安全地管理每个系统。

通用汽车的系统安全流程由两个关键部分构成:

安全的迭代设计——团队将所开发的系统反复在现场和模拟中进行测试,并将测试结果反馈到设计过程中,使得汽车安全性随着系统的每次迭代而不断改进。

全面风险管理深度整合——全面风险管理是通用汽车系统安全流程的关键组成部分。

通用汽车在整个设计、开发和测试过程中,通过在每次迭代过程都深度整合综合风险管理方法,力图彻底识别并解决所有风险,并验证相应的解决方案。在风险分析中通用综合室用了各种风险分析方法,包括故障树、DFMEA/PFMEA、HAZOP、需求可追溯性分析等。

系统安全设计在通用汽车目前的四代自动驾驶汽车 Cruise AV 中集中体现在两个方面:在功能安全方面,通过增加安全关键设备的冗余,使得在汽车故障发生时仍旧可确保正常运转(即故障可操作,fail-operational)。在预期功能安全方面,通用汽车对所有关键自动驾驶功能的操作都进行了定性和定量评估。据此,通用汽车保证自动驾驶计算机可以安全地处理汽车在公共道路上面临的各种情况。另外,通用汽车对生产线质量也严加控制,从而保证安全设计的完整实现。最后,通用汽车目前已在美国旧金山大量部署了测试车队,通过车队路上测试,通用汽车得以不断采集并学习驾驶数据并完善系统安全。

图 2.22 所示为 Cruise AV 系统多样性与冗余。

2.5.3 谷歌(Waymo)

Waymo 从智能驾驶汽车研发的起始阶段就建立了系统安全程序(System Safety Program),并建立在各个工业领域最佳实践基础之上(包括航空航天、汽车和国防,如 MIL-

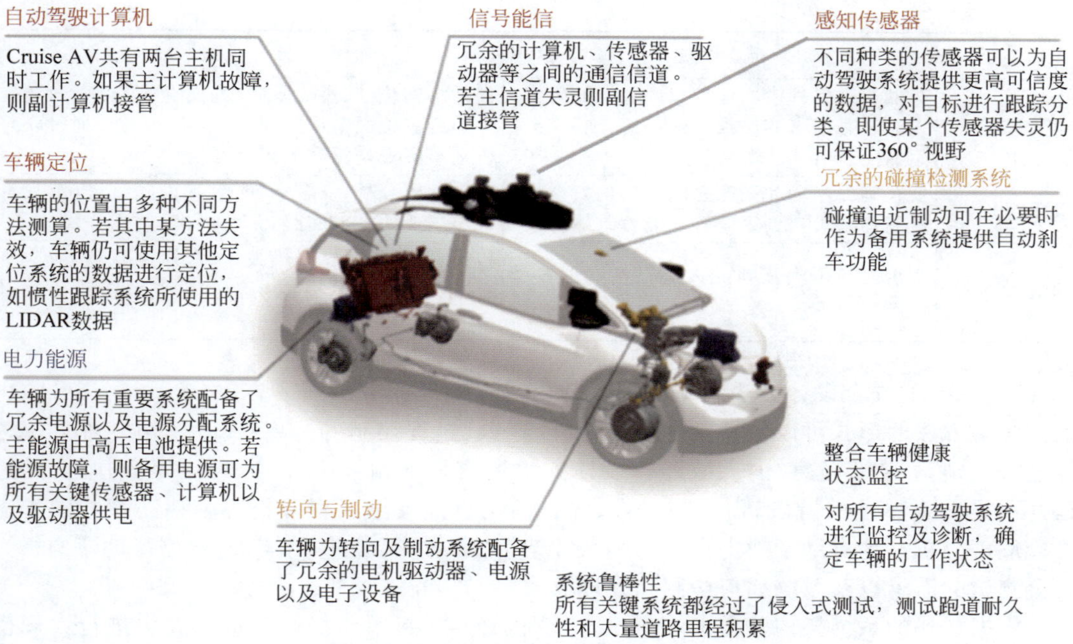

第2章 自动驾驶安全设计

自动驾驶计算机
Cruise AV 共有两台主机同时工作。如果主计算机故障，则副计算机接管

车辆定位
车辆的位置由多种不同方法测算。若其中某方法失效，车辆仍可使用其他定位系统的数据进行定位，如惯性跟踪系统所使用的 LIDAR 数据

电力能源
车辆为所有重要系统配备了冗余电源以及电源分配系统。主能源由高压电池提供。若能源故障，则备用电源可为所有关键传感器、计算机以及驱动器供电

信号能信
冗余的计算机、传感器、驱动器等之间的通信信道。若主信道失灵则副信道接管

转向与制动
车辆为转向及制动系统配备了冗余的电机驱动器、电源以及电子设备

感知传感器
不同种类的传感器可以为自动驾驶系统提供更高可信度的数据，对目标进行跟踪分类。即使某个传感器失灵仍可保证360°视野

冗余的碰撞检测系统
碰撞迫近制动可在必要时作为备用系统提供自动刹车功能

整合车辆健康状态监控
对所有自动驾驶系统进行监控及诊断，确定车辆的工作状态

系统鲁棒性
所有关键系统都经过了侵入式测试，测试跑道耐久性和大量道路里程积累

■图 2.22　Cruise AV 系统多样性与冗余

STD-882E 和 ISO 26262 等标准）将其发展为一整套系统的安全设计方法（Safety by Design）。与通用汽车类似，Waymo 的安全设计同样不是建立在现有的人工驾驶技术，而是从头开始考虑安全性，并在每个系统级别和每个开发阶段（从设计到测试和验证）中纳入安全性。基于安全设计方法，Waymo 对自动驾驶车辆的每个部件都进行了充分的测试，以确保所有子系统在作为完整的自动驾驶系统集成时可以安全地运行。这种方法还有助于验证全自动驾驶的车辆安全，并了解系统组件、子系统或任何部分的变化或故障对系统剩余部分的影响。基于安全设计过程，Waymo 研发了多种关键安全功能，包括可以在发生技术故障时使车辆安全停止的冗余关键安全系统，具有重叠视场的互补传感器，以及大规模的测试方法等。

如表 2.11 所示，Waymo 的安全设计方法包括行为安全（behavioral safety）、功能安全（functional safety）、碰撞安全（crash safety）、操作安全（operational safety）和非碰撞安全（non-collision safety）5 个安全分支。每个分支都需要结合各种测试方法从而保证完全自动驾驶车辆的安全性的充分验证。

表 2.11　Waymo 安全设计方法的 5 个分支

安全分支	描　述	方　法
行为安全	车辆在道路上的驾驶决策和行为（如转向、变速）的安全	结合功能分析，模拟工具和实际道路驾驶测试，充分理解运营设计领域中的挑战，并制定安全需求和多管齐下的测试与验证流程
功能安全	旨在确保即使系统出现故障，车辆也能安全行驶	设计相应的备份系统和冗余功能以处理意外情况：如辅助计算机、冗余制动与转向等

续表

安全分支	描述	方法
碰撞安全	车辆通过各种措施保护车内乘客的能力，以减轻碰撞事故对乘客的伤害，确保乘客生命安全	包括结构设计、座椅限制（如安全带）和安全气囊等功能。美国上市的 Waymo 汽车需要通过联邦机动车辆安全标准的规范要求
操作安全	旨在确保车辆和乘客之间互动的安全性，从而使乘员得到安全舒适的驾乘体验	整合危害分析、安全标准、大规模测试，以及来自各类工业的最佳实践
非碰撞安全	为可能与车辆互动的人员提供物理安全保障	包括可能对乘员、车辆技术人员、测试驾驶员、急救人员或旁观者造成伤害的电气系统或传感器危险到安全设计

Waymo 的安全设计方法起始于危害分析过程以及相应的缓解方法（mitigations）的识别。缓解方法的形式可以是软硬件需求、设计建议、过程控制等。Waymo 使用多种方法进行危害识别，如初步危害分析、故障树设计失效模式和影响分析（DFMEA）等。并且，此过程并不是一个单独的阶段，而是与开发、测试活动以及安全工程分析等密切联系并同步进行。危害分析过程有助于确定自动驾驶系统架构、子系统和组件的需求，并可帮助建构行为安全测试的需求以及系统如何检测和处理故障。

根据构建的系统架构及需求，Waymo 分别于公路，封闭路线和模拟驾驶中进行大规模测试，并通过测试收集的信息以及对国家碰撞数据和自然驾驶研究的分析探求更多的相关潜在危害。基于此，Waymo 能够在自动驾驶完全开放路段部署之前全面分析和评估其系统的安全性。Waymo 的自动驾驶汽车设置了最小风险条件（Minimal Risk Condition）：如果汽车无法再按计划行程继续行驶，则必须安全停车，例如自动驾驶系统故障、车辆发生碰撞，或环境条件发生变化等。在 Waymo 的运营设计域（Operational Design Domain，ODD）以内，Waymo 的自动驾驶系统必须能够自动检测并识别所有这些场景。Waymo 自动驾驶汽车每秒都会对系统进行数千次检查，以查找故障，并配备了一系列关键系统冗余以应对故障的发生，如表 2.12 所示。基于这种安全设计，Waymo 汽车可以根据道路类型、交通条件以及技术故障的程度而相应调整变化，并确定适当的响应以保持车辆及其乘客的安全，包括停车或安全停车。

表 2.12 Waymo 自动驾驶汽车的冗余安全关键系统

冗余安全系统	功能描述
备用计算设备	车辆中的辅助计算机总是在后台运行，如果检测到主系统故障则接管驾驶并使车辆安全停止
备用制动系统	如果主制动系统出现故障，一套完整的辅助制动系统可立即启动。任何一套制动系统发生故障，另一套制动系统都可以使车辆安全停止
备用转向系统	转向系统配备了冗余驱动电机系统，带有独立控制器和独立电源。任何一方都可以在另一方发生故障的情况下接管转向
备用电源系统	为每个关键驱动系统提供独立电源以确保车辆关键驱动组件在单个电源故障或电路中断期间保持在线状态
备用碰撞检测与避障系统	包括独立的防撞系统在内的多个备用系统，不断扫描车辆前方和后方的道路，以寻找行人、骑车人和其他车辆等物体。在主系统未检测到或未响应车辆路径中的物体的罕见情况下，这些冗余系统减慢或停止车辆
冗余惯性测量系统	冗余惯性测量系统可帮助车辆准确跟踪其沿路的运动。两套系统相互交叉检查，如果任一系统中检测到故障，则另一套接管

2.5.4 百度

百度作为中国第一家提供 L3 级别自动驾驶汽车的企业,同样将通过自动驾驶提升出行过程的安全性,降低人类驾驶事故率作为其愿景。百度 2018 年推出的自动驾驶产品 APC(Apollo Pilot for Passenger Car)可实现 ODD 下(与 Waymo 类似,百度称为可适用场景)的自动驾驶,并在切换至手动驾驶模式前为驾驶员预留 10s 安全响应时间。APC 目前支持的自动驾驶场景有三个:高速公路、城市拥堵、自动泊车,并基于"正确的驾驶习惯是最好的安全"的理念,在各个环节加入更多安全引导,让用户形成正确的安全驾驶习惯。其基于 ACEA 时间轴模型的安全框架如图 2.23 所示。

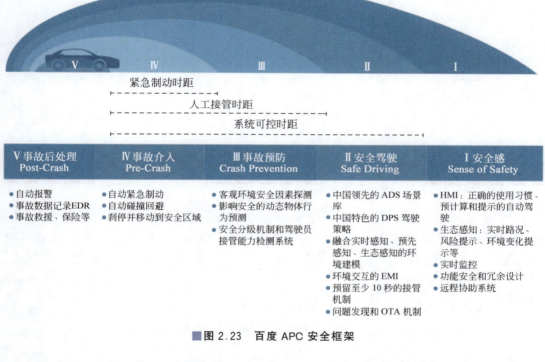

■图 2.23 百度 APC 安全框架

百度 2018 年发布的安全报告从 7 个方面介绍了 APC 的安全设计与实现,见表 2.13。

表 2.13 APC 安全设计方法

安全分支	描述	方法
操作安全	用户明确使用边界,与自动驾驶系统和谐配合	• HMI:区分用户使用的探索期与成熟期,分阶段建立使用习惯;充分使用多因素多感官提示,更自然的人机交互,保证用户不错过任何重要信息 • 接管机制:尽量减少人机切换,并在必要情况下自动进行安全操作

续表

安全分支	描述	方法
环境安全	使自动驾驶汽车和谐融入目前的车辆行驶环境,易于驾驶员对其预判	• 环境建模:通过多种感知与识别技术融合建立对环境完整准确认知 • EMI(环境机器交互):通过全摄像与麦克风阵列手机环境信息,通过各种互动设备强化与环境的交互 • DPS(驾驶策略系统):实现全面性与可解释性,即任意环境状态全覆盖并可查询与每条驾驶策略都有来源(遵循交通法规与安全需求) • RSS(责任敏感安全模型)
行为安全	培养具有全面能力的熟练与安全的自动驾驶车辆	• ADS场景库:通过专业采集车队、用户辅助、数据生态三方面构建完备的数据采集体系 • DPS策略库:通过大数据训练与人工审核辅助,构建适合中国国情的驾驶策略,提升驾驶安全 • 危险发现与监控:对环境、车辆及软硬件状态、驾驶员状态实时监控并诊断 • 危险应对:标准防碰撞措施与车体状态调整结合
功能安全	严谨的安全开发流程与足够的系统冗余	• 安全流程:与整车厂严密合作,从各层面使用全面的业界标准安全分析方法设计安全需求,并在各层次各场景进行测试 • 安全功能设计:通过全面诊断(表2.5)与足够冗余(图2.24)保证故障可操作 • 预期功能安全:自设计初就把安全/防止失效作为目标并充分评估所有关键功能
质量安全	完整严格的质量保证	• 充分测试:从模块到整车,结合仿真、实际道路与各种环境,保证交付前120万公里的测试 • 信息安全:基于多层纵深防御体系,从对外通信、网关接入、车内应用与云端保证信息安全
安全进化	通过不断自动学习,进化与更新系统不断完善系统安全	• 快速问题发现系统:回传实时数据脱敏挖掘 • OTA(Over the Air)远程无线升级:固件与数据远程无线升级,实现安全更新
机制安全	事故处理,相关法律,保险与援助等机制	• 规范:自动驾驶路测法规等 • 保障:与保险公司达成意向 • DER(自动驾驶黑匣子) • RVC(远程客服控制系统)

表2.14所列为APC安全诊断异常类别与状态空间信息合集。

表2.14 APC安全诊断异常类别与状态空间

异常类别	状态空间合集
传感器异常	摄像头、雷达等实时的通信以及数据状态
高精地图异常	高精地图数据的有效性以及实时性
软件运行异常	系统软件稳定可靠地运行实现预期功能
计算平台异常	主/备系统的硬件安全诊断机制
执行器响应异常	车辆执行器是否按照预期执行自动驾驶的命令
车辆状态异常	车辆供电、散热等导致出现异常
司机行为异常	司机行为监控确保没有对自动驾驶系统的错误使用

表 2.15 所列为百度 APC 的安全系统冗余设计方案。

表 2.15　百度 APC 的安全系统冗余设计

冗余设备	功能描述
ACU	冗余的自动驾驶计算单元，确保在一个系统失效时，仍然有备份系统维持车辆正常运行一段时间，提供给司机的接管时间
通信	计算单元、传感器以及执行器之间都有冗余的通信通路
传感器	遍布车身周围的摄像头、雷达，以及高精地图。保证车身周围全部探测范围都有多重冗余
车辆关键部件冗余	百度的整车合作伙伴，确保关键部件都有冗余。包括整车电源、转向和制动系统。这样的设计确保从整车层面任何单个系统的失效，自动驾驶都有足够的能力运行一段时间，确保车辆可以正常运行一段时间
驾驶员监控系统	驾驶监控系统确保司机与自动驾驶系统的正常交互
冗余防碰撞系统	自动驾驶系统有一套独立冗余的防碰撞功能，此功能在自动驾驶系统运行时有最高的优先级启动刹车系统防止碰撞

参考文献

[1] Road Traffic Injuries. World Health Organization[EB/OL]. [2018.12.7]. http://www.who.int/news-room/fact-sheets/detail/road-traffic-injuries.

[2] 中国汽车技术研究中心. C-NCAP 管理规则（2018 年版）[S/OL]. [2018.7.1]. http://www.c-ncap.org/cms/files/cncap-regulation-2018.pdf.

[3] KOLALICHEVA K. People cause most California autonomous vehicle accidents[EB/OL]. [2018.8.29]. https://www.axios.com/california-people-cause-most-autonomous-vehicle-accidents-dc962265-c9bb-4b00-ae97-50427f6bc936.html.

[4] Top 7 Causes of Car Accidents-2018 Statistics[EB/OL]. [2019.1]. https://www.after-car-accidents.com/car-accident-causes.html.

[5] World Health Organization. Save LIVES-A road safety technical package[R]. Geneva：WHO，2017.

[6] GREENBERG A. Hackers remotely kill a jeep on the highway—with me in it[EB/OL]. [2015.7]. https://www.wired.com/2015/07/hackers-remotely-kill-jeep-highway/.

[7] 宋健，王伟玮，李亮. 汽车安全技术的研究现状和展望[J]. 汽车安全与节能学报，2010,1(2)：98-106.

[8] SPITYHUETTL，F. Applications in traffic accident research to improve vehicle safety[R/OL]. https://www.matlabexpo.com/content/dam/mathworks/mathworks-dot-com/images/events/matlabexpo/de/2018/applications-in-road-accident-research-to-improve-vehicle-safety.pdf.

[9] THOMPSON A，EDWARDS M，GOODACRE O. Adaptive vehicle structures for secondary safety[R/OL]. https://trl.co.uk/reports/PPR310.

[10] International Standard Organization. ISO 26262 Road vehicles-Functional safety—Part 2：Management of Functional Safety[S/OL]. [2011.11.1]. https://www.iso.org/standard/51356.html.

[11] Society of Automotive Engineers International. J3061：Cybersecurity Guidebook for Cyber-Physical Vehicle Systems[S/OL]. [2016.1.14]. https://www.sae.org/standards/content/j3061_201601/.

[12] International Standard Organization. ISO/PAS 21448 'Road vehicles-Safety of the Intended functionality'[R/OL]. https://www.iso.org/standard/70939.html.

[13] ASSYSTEM Germany GmbH. Internal Funcitonal Safety Training Material[R/OL]. [2017.10.11]. https://www.assystem-germany.com/en/trainings/training-functional-safety/.

[14] European Automobile Manufacturers Association. ACEA Principles of Automobile Cybersecurity. [R/OL]. [2017.10.18]. https://www.acea.be/publications/article/acea-principles-of-automobile-cybersecurity.

[15] FORSBERG K, MOOZ H. The Relationship of Systems Engineering to the Project Cycle[J]. Engineering Management Journal, 1992, 4(3): 36-43.

[16] GABRIEL N. Methodische Entwicklung eines Sicherheitskonzepts auf Fahrzeug-Ebene für autonome Fahrfunktionen[D]. Berlin: Beuth Hochschule für Technik Berlin, 2014.

[17] DAJSUREN Y. Automotive architecture description and its quality[J]. Proceedings of the 2013 9th Joint Meeting on Foundations of Software Engineering-ESEC/FSE 2013-2013: 727.

[18] Freescale Semiconductor, Inc. MPC555/MPC556 USER'S MANUAL[R/OL]. [2000.10.15]. https://www.nxp.com/files/microcontrollers/doc/user_guide/MPC555UM.pdf.

[19] International Standard Organization. 047 ISO-TC22-SC32-WG8 N0375 375 ISO WD PAS 214481-SOTIF-2017022, Road vehicles—Safety of the Intended Functionality[S]. 2017: 1.

[20] VDA Quality Management Center. Automotive SPICE® Process Reference Model Process Assessment Model Version 3.0[S/OL]. [2015.6.16]. www.automotivespice.com/fileadmin/software.../Automotive_SPICE_PAM_30.pdf.

[21] Toyota. Automated driving at TOYOTA: Vision, strategy and development[R/OL]. [2018.3.1]. http://d2ozruf16a8he.cloudfront.net/15/e430760e466468024f1f516b14c3e-ba0de22e7b9/PDFToyota_AutomatedVehicles_DL.pdf.

[22] General Motors. 2018 self-driving safety report[R/OL]. [2018.9.10]. https://www.gm.com/content/dam/company/docs/us/en/gmcom/gmsafetyreport.pdf.

[23] Waymor. Waymo Safety Report-On the Road to Fully Self-Driving[R/OL]. [2017.10.13]. https://waymo.com/safety/.

[24] Baidu. Apollo Pilot Safety Report[R/OL]. [2018]. http://apollo-homepage.bj.bcebos.com/Apollo-Pilot-Safety-Report-2018.pdf.

[25] KELLY T, WEAVER R. The Goal Structuring Notation-A Safety Argument Notation, DSN2004[R/OL]. [2004]. https://www-users.cs.york.ac.uk/tpk/dsn2004.pdf.

[26] SHALEV-SHWARZ S, SHAMMAH S, SHASHUA S. On a Formal Model of Safe and Scalable Self-driving Cars[R/OL]. [2017.8.1]. https://arxiv.org/pdf/1708.06374.

[27] ZHANG M, ZHANG Y, ZHANG L. DeepRoad: GAN-based Metamorphic Autonomous Driving System Testing [R/OL]. [2018]. https://www.utdallas.edu/~lxz144130/publications/ase2018.pdf.

[28] Upstream. Upstream Security Global Automotive Cybersecurity Report 2019-Research into Smart Mobility Cyber Attack Trends[R/OL]. [2019]. https://www.upstream.auto/upstream-security-global-automotive-cybersecurity-report-2019/.

[29] 电子说. 汽车信息安全已进入"刷漏洞"时代 [R/OL]. [2018.04.22] www.elecfans.com/d/660273.html.

[30] 汽车之家. 你的爱车能拿几颗星？热门小型车 E-NCAP 碰撞成绩参考[R/OL]. [2016.04.11]. https://mp.weixin.qq.com/s?__biz=MjM5MzA0NDM0MA==&mid=413379739&idx=1&sn=49a5ad1eaea386868be3a01f6c0f481c#rd.

[31] 文清. 我国汽车碰撞标准之浅析[J]. 汽车与安全, 2013(2): 86-91.

第3章 车辆总线及通信技术

3.1 车辆电子电气架构技术

3.1.1 汽车电子电气技术

汽车电气设备(electrical device)是汽车的重要组成部分之一,如图 3.1 所示,其性能的好坏直接影响汽车的动力性、经济性、可靠性、安全性、舒适性及排放。例如,为使汽车发动机获得最高的经济性,须设计点火系统在最适当的时间点火;为使发动机可靠起动,须采用电力起动机;为保证汽车工作可靠、行驶安全,须利用各种指示仪表、信号装置和照明灯具等电气系统[1]。

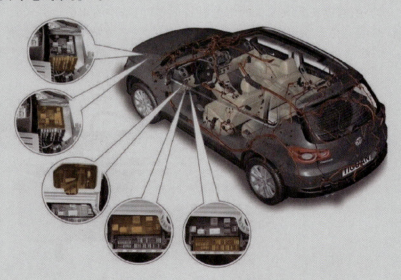

图 3.1 电气设备示意图

多年来,汽车电气设备一直在汽车上发挥着重要的作用,并将继续发挥其应有的作用。基础电气设备将向提高品质、提高性能的方向发展,辅助电气系统将向进一步拓展种类、扩大应用范围的方向发展。

1. 汽车电气技术

1）设备的组成

（1）电源部分。电源部分包括蓄电池及发电机，如图3.2所示。当发电机工作时，由发电机向全车用电设备供电，同时给蓄电池充电；蓄电池在起动发动机时向起动机供电，并在发电机不工作时向用电设备供电。有些车型的发电机本身没有调节器，需要配置电压调节器才能工作。电压调节器的作用是使发电机的输出电压保持恒定。

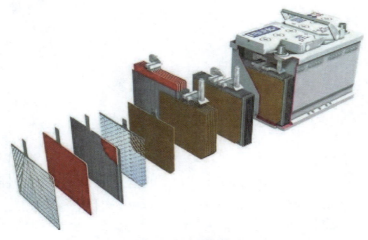

■ 图 3.2　电源示意图

（2）用电设备。汽车上的用电设备很多，但基本的用电设备大致可分为起动系统、点火系统、灯光与信号系统、信息显示系统、辅助电气系统及电子控制系统等部分。

- 起动系统。起动系统的作用是起动发动机。起动系统由起动机、起动继电器及起动开关组成，如图3.3所示。

■ 图 3.3　起动系统示意图

- 点火系统。点火系统的作用是产生电火花，点燃可燃混合气，如图3.4所示。点火系统分为电子点火系统与计算机控制点火系统两大类。目前，电控发动机汽车基本上全部使用了计算机控制点火系统，部分燃油器式发动机上还在使用电子点火系统。

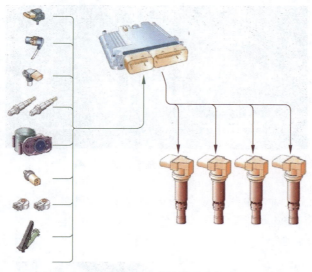

■ 图 3.4　点火系统示意图

- 灯光与信号系统。照明装置包括车内、外各种照明灯及提供夜间安全行驶必要的灯光,其中前照灯最为重要。信号装置包括电喇叭、闪光器、蜂鸣器及各种信号灯,主要用来提供安全行车所必需的信号,如图 3.5 所示。

■ 图 3.5　灯光与信号系统示意图

- 信息显示系统。信息显示系统包括润滑油压力表、冷却液温度表、燃油表、车速里程表、发动机转速表等仪表,如图 3.6 所示。报警装置及电子显示装置用来监测汽车各个系统的工况,比仪表更方便、直观,显示的信息量也更大。

■ 图 3.6　信息显示系统示意图

- 辅助电气系统。辅助电气系统包括电动刮水器、风窗洗涤器、风窗加热器、汽车空调、汽车音响、安全气囊、中控门锁系统、电动车窗、电动天窗、电动后视镜、电动座椅、电动后遮阳帘、电动杂物箱等,如图 3.7 所示。

■ 图 3.7　辅助电气系统示意图

- 电子控制系统。电子控制系统包括电控燃油喷射装置、电控点火装置、防抱死制动系统、自动变速器、电控悬架系统及自动巡航控制系统等,如图 3.8 所示。采用电控系统可提高汽车的动力性、经济性、安全性以及达到净化排气的目的,也可以使得汽车电气系统的功能更加丰富。

(3) 配电装置。配电装置包括中央接线盒、电路开关、保险装置、插接器和导线等。

2) 汽车电气设备的特点

(1) 低压。汽车电气设备的额定电压有 12V 和 24V 两种。汽油发动机普遍采用 12V 电源,而大型柴油发动机多采用 24V 电源。

(2) 直流。汽车电源系统为发电机和蓄电池。蓄电池可循环反复使用,但发电机给蓄电池充电时必须用直流电,所以汽车电源系统采用直流电源。

(3) 单线制。汽车上所有用电设备都是并联的,电源正极到用电设备只用一根导线连接,用电设备利用本身的金属外壳直接与汽车车身相连,汽车的金属车身作为公共回路,回

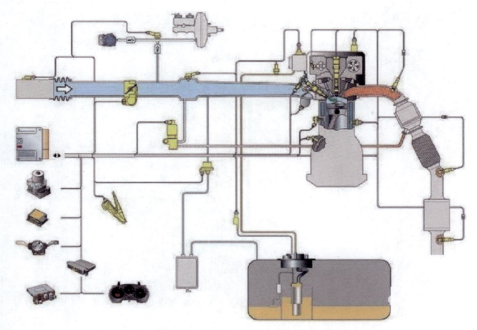

■ 图3.8 电子控制系统示意图

到电源负极,这种连接方式称为单线制。由于单线制节省导线、线路清晰、安装与维修方便,并且用电设备的金属构件外壳等不须与车体绝缘,因此被现代汽车广为采用。

(4) 负极搭铁。采用单线制时,蓄电池的一个电极须接到车架上,俗称"搭铁"。若将蓄电池的负极接到车架上,就称为"负极搭铁"。目前,国际上各国生产的汽车基本上都采用"负极搭铁"。

3) 汽车导线、线束及插接器

随着汽车电气设备的增多,导线的数量不断增加,为了便于维修,连接各设备的导线常以不同颜色加以区分。其中,截面积在 $4mm^2$(平方毫米)以上的导线采用单色线,而截面积在 $4mm^2$ 以下的导线均采用花线。

为了使全车线路规整、安装方便及保护导线的绝缘,汽车上的全车线路除高压线、蓄电池的电缆外,一般都将同一个区域的不同规格的导线用棉纱或薄聚氯乙烯带缠绕包扎成束,又称为线束。一般来说,线束分为发动机线束、仪表线束、车身线束等。

图3.9所示为汽车导线、线束及插接器示意图。

线束与线束之间、线束与用电设备之间、线束与开关之间的连接采用插接器。插接器不能松动、腐蚀,为保证插接器的可靠连接,其上都有锁紧装置,而且为了避免安装中出现差错,插接器还制成不同的规格、形状[2]。

2. 汽车电子控制技术

随着电子技术、计算机技术和信息技术的应用,汽车电子控制技术得到了迅猛的发展,尤其在控制精度、控制范围、智能化和网络化等多方面有了较大突破。汽车电子控制技术已成为衡量现代汽车发展水平的重要标志[3]。

汽车电子控制系统基本由传感器、电子控制器(ECU)、驱动器和控制程序软件等部分

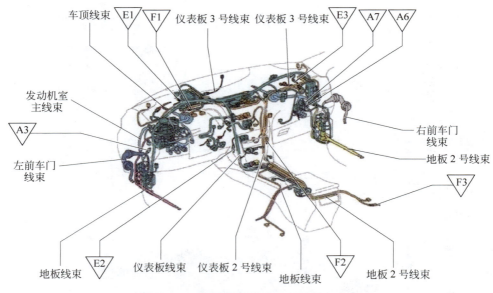

■ 图 3.9 汽车导线、线束及插接器示意图

组成，与车上的机械系统配合使用（通常与动力系统、底盘系统和车身系统中的子系统融合），并利用电缆或无线电波互相传输信息，即所谓的"机电整合"，如电子燃油喷射系统、制动防抱死控制系统、防滑控制系统、电子控制悬架系统、电子控制自动变速器、电子助力转向等。汽车电子控制系统大体可分为 4 个部分：发动机电子控制系统、底盘综合控制系统、车身电子安全系统、信息通信系统。其中，前两种系统与汽车的行驶性能有直接关系[4]。

1）汽车电控的分类

（1）发动机电控系统。发动机电子控制系统（EECS）是通过对发动机点火、喷油、控制空气与燃油的比率、排放废气等进行电子控制，使发动机在最佳工况状态下工作，以达到提高其整车性能、节约能源、降低废气排放的目的。

- 电控点火装置（ESA）。电控点火装置由微处理机、传感器及其接口、执行器等构成。该装置根据传感器测得的发动机参数进行运算、判断，然后进行点火时刻的调节，可使发动机在不同转速和进气量等条件下，保证在最佳点火提前角下工作，使发动机输出最大的功率和转矩，降低油耗和排放、节约燃料、减少空气污染。
- 电控燃油喷射（EFI）。电控燃油喷射装置因其性能优越而逐渐取代了机械式或机电混合式燃油喷射系统。当发动机工作时，该装置根据各传感器测得的空气流量、进气温度、发动机转速及工作温度等参数，按预先编制的程序进行运算后与内存中预先存储的最佳工况时的供油控制参数进行比较和判断，适时调整供油量，保证发动机始终在最佳状态下工作，使其在输出一定功率的条件下，发动机的综合性能得到提高[5]。
- 废气再循环控制（EGR）。废气再循环控制系统是目前用于降低废气中氧化氮排放的一种有效措施。其主要执行元件是数控式 EGR 阀，作用是独立地对再循环到发动机的废气量进行准确的控制。

（2）底盘综控系统。底盘综合控制系统包括电控自动变速器（ECAT）、防抱死制动系统(ABS)与驱动防滑系统(ASR)、电子转向助力系统(EPS)、自适应悬挂系统(ASS)、巡航控制系统(CCS)等。

- 电控自动变速器(ECAT)。一般来说,汽车驱动轮所需的转速和转矩,与发动机所能提供的转速和转矩有较大差别,因而需要传动系统来改变从发动机到驱动轮之间的传动比,将发动机的动力传至驱动轮,以便能够适应外界负载与道路条件变化的需要。此外,停车、倒车等也靠传动系统来实现,适时地协调发动机与传动系统的工作状况,充分地发挥动力传动系统的潜力,使其达到最佳的匹配,这是变速控制系统的根本任务。ECAT 可以根据发动机的载荷、转速、车速、制动器工作状态及驾驶员所控制的各种参数,经计算、判断后自动地改变变速杆的位置,按照换挡特性精确地控制变速比,从而实现变速器换挡的最佳控制,得到最佳挡位和最佳换挡时间。该装置具有传动效率高、低油耗、换挡舒适性好、行驶平稳性好以及变速器使用寿命长等优点。采用电子技术特别是微电子技术控制变速系统,已经成为当前汽车实现自动变速功能的主要方法[6]。

- 防抱死制动系统(ABS)与驱动防滑系统(ASR)。汽车防抱死制动系统可以感知制动轮每一瞬时的运动状态,通过控制防止汽车制动时车轮的抱死来保证车轮与地面达到最佳滑移率,从而使汽车在各种路面上制动时,车轮与地面都能达到纵向的峰值附着系数和较大的侧向附着系数,以保证车辆制动时不发生抱死拖滑、失去转向能力等不安全的因素,可使汽车在制动时维持方向稳定性和缩短制动距离,有效地提高了行车的安全性。它是汽车安全上的最有价值的一项应用。

- 电子转向助力系统(EPS)。电子转向助力系统采用电动机与电子控制技术对转向进行控制,利用电动机产生的动力协助驾车者进行动力转向,系统不直接消耗发动机的动力。EPS 一般是由转矩(转向)传感器、电子控制单元、电动机、减速器、机械转向器以及蓄电池电源等构成。汽车在转向时,转矩(转向)传感器会感知转向盘的力矩和拟转动的方向,这些信号会通过数据总线发给电控单元,电控单元会根据传动力矩、拟转的方向等数据信号,向电动机控制器发出动作指令,电动机就会根据具体的需要输出相应大小的转动力矩,从而产生助力转向。如果不转向,则本套系统就不工作,处于待调用状态。电子转向助力系统提高了汽车的转向能力和转向响应特性,增加了汽车低速时的机动性以及调整行驶时的稳定性。目前国内中高档轿车应用助力转向较多[7]。

- 自适应悬挂系统(ASS)。自适应悬挂系统能根据悬挂装置的瞬时负荷,自动、适时地调整悬挂的阻尼特性及悬架弹簧的刚度,以适应瞬时负荷,保持悬挂的既定高度,极大地提高了车辆行驶的稳定性、操纵性和乘坐的舒适性。

- 巡航控制系统(CCS)。巡航控制又称恒速行驶系统,是让驾驶员无须操作油门踏板就能保证汽车以某一固定的预选车速行驶的控制系统。

(3) 车身安全系统。车身电子安全系统包括车身系统内的电子设备,主要有自适应前照灯系统、汽车夜视系统、安全气囊、碰撞警示与预防系统、轮胎压力监测系统、自动调节座椅系统、安全带控制系统等,提高了驾驶人员和乘客乘坐的舒适和方便。

(4) 信息通信系统。信息通信系统包括汽车导航与定位系统、语音系统、信息系统、通信系统等。

例如,汽车导航系统与定位系统(NTIS):该系统可在城市或公路网范围内,定向选择最佳行驶路线,并能在屏幕上显示地图,表示汽车行驶中的位置,以及到达目的地的方向和距离。这实质是汽车行驶向智能化发展的方向,再进一步就可成为无人驾驶汽车。

2) 汽车电控的发展趋势

随着集成控制技术、计算机技术和网络技术的发展,汽车电子技术已明显向集成化、智能化和网络化三个主要方向发展。

(1) 集成化。近年来嵌入式系统、局域网控制和数据总线技术的成熟,使汽车电子控制系统的集成成为汽车技术发展的必然趋势。将发动机管理系统和自动变速器控制系统,集成为动力传动系统的综合控制;将制动防抱死控制系统、牵引力控制系统和驱动防滑控制系统综合在一起进行制动控制;通过中央底盘控制器,将制动、悬架、转向、动力传动等控制系统通过总线进行连接,控制器通过复杂的控制运算,对各子系统进行协调,将车辆行驶性能控制到最佳水平,形成一体化底盘控制系统[8]。

(2) 智能化。智能化传感技术和计算机技术的发展,加快了汽车的智能化进程。汽车智能化相关的技术问题已受到汽车制造商的高度重视。其中,"自动驾驶仪"的构想必将依赖于电子技术实现。智能交通系统(ITS)的开发将与电子、卫星定位等多个交叉学科相结合,它能根据驾驶员提供的目标资料,向驾驶员提供距离最短而且能绕开车辆密度相对集中处的最佳行驶路线。它装有电子地图,可以显示出前方道路,并采用卫星导航。从全球定位卫星获取沿途天气、车流量、交通事故、交通堵塞等各种情况,自动筛选出最佳行车路线[9]。

(3) 网络化。随着电控器件在汽车上越来越多的应用,车载电子设备间的数据通信变得越来越重要。以分布式控制系统为基础构造汽车车载电子网络系统是十分必要的。大量数据的快速交换、高可靠性及低成本是对汽车电子网络系统的要求。在该系统中,各子处理机独立运行,控制改善汽车某一方面的性能,同时在其他处理机需要时提供数据服务。主处理机收集整理各子处理机的数据,并生成车况显示[10]。

3) 汽车电控的发展过程

汽车电子控制技术在提高汽车动力性、燃油经济性、安全可靠性、乘坐舒适性,改善汽车尾气排放和噪声控制,推进汽车及交通智能化等方面发挥着不可替代的作用。电子控制技术的飞速发展和汽车节能、安全、排放等方面相关法规的建立,是汽车电子控制技术形成与发展的两大主要因素[11]。汽车电子控制技术的形成和发展过程可分为三个阶段[12]。

第一阶段(20世纪60年代中期至70年代末),即汽车电子控制技术萌芽及初级发展阶段。其主要特点是改善汽车单个零部件的性能,比较有代表性的技术有电子收音机、发电机硅整流器、电压调节器、晶体管无触点电子点火和电子控制燃油喷射等。

第二阶段(20世纪70年代末至90年代中期),即汽车电子控制技术的大发展阶段。这时开始出现具有一定综合性的汽车电子控制系统,大规模集成电路和超大规模集成电路技术的快速发展(导致电子控制装置小型化)和自动控制理论的引入,使汽车电子控制技术基本成熟,并逐渐向汽车的其他组成部分拓展。这一阶段的代表性技术有发动机电子控制系统、自动变速器、防抱死制动系统、电控悬架、电控转向、电子仪表和影音娱乐设备等。

而在第三阶段(20世纪90年代中期至今),电子装置已成为汽车设计中必不可少的组成。20世纪90年代以后,汽车电子控制技术进入广泛应用阶段,几乎渗透到了汽车的各个组成部分。汽车电子控制技术成为提高和改善汽车性能的主要途径。在此期间,各种控制系统的功能进一步增强,性能更加完善,主要体现在以下几方面。

(1) 动力控制方面:在发动机管理系统(Engine Management System,EMS)的基础上增加了变速器控制功能,扩展为动力传动控制系统(Powertrain Control Module,PCM)。

(2) 汽车主动安全控制方面:在防抱死制动系统(Anti-lock Braking System,ABS)的基础上,增加了牵引力控制系统(Traction Control System,TCS,也称为 TRC)和驱动防滑系统(Acceleration Slip Regulation,ASR)控制功能。

(3) 车辆稳定性控制方面:出现了车辆稳定性控制系统(Vehicle Stable Control,VSC)、强化车辆稳定性系统(Vehicle Stable Enhance,VSE)以及智能悬架控制系统。

(4) 被动安全控制方面:发展了主动安全带和安全气囊的综合控制技术。

(5) 改善驾驶人劳动强度和保障行车安全方面:在传统巡航控制系统的基础上,开发出智能巡航控制,即自适应巡航控制(Adaptive Cruise Control,ACC),控制内容包括防抱死制动、牵引力控制及车辆稳定性控制等。驾驶人即使没有踩制动踏板,ACC 也能在必要的时刻自动完成汽车制动操作,以保证安全。

此外,在汽车内部环境的人性化设计、无线网络通信技术、防盗报警系统和车载防撞雷达等电子装置方面,都得到了进一步的开发和应用。

以控制器局域网(Controller Area Network,CAN)为代表的数据总线(Data Bus)技术在此期间有了很大的发展。CAN 总线将各种汽车电子控制系统连接成车载网络。在车载网络中,各控制装置独立运行,完成各自的控制功能。同时,还可以通过通信线为其他控制系统提供数据服务,实现信息共享。以大规模集成电路和控制器局域网为特征的、多学科综合的汽车电气及电子控制技术,是第三阶段的突出特征[13]。

3.1.2 汽车电子电气架构

1. 汽车电子电气架构概述

"电气"即与电相关的意思,可以作为定语形容所有与电相关的事物,例如电气系统、电气零件、电气功能等。"电子电气"其实可以用"电气"来替代,因为电子也是与电相关的,所以电气当然也包括电子。但目前在汽车行业内,电子电气架构已经成为约定俗成的叫法,因此称为"电子电气架构"而不是"电气架构"。

电子电气架构属于车辆电子电气系统的顶层设计,目标是在功能需求、法规和设计指标等特定约束条件下,综合对功能、性能、成本和装配等方面的具体分析,得到最优的电子电气系统技术方案。伴随着平台化、模块化开发理念在车辆开发中的应用,电子电气系统普遍基于平台化要求进行规划,即构建利于复用、裁剪、扩展的电子电气架构,用于支撑目标市场的不同车型。

随着汽车配置复杂度的增加,电子电气系统越来越复杂。同时,电子电气的成本压力也越来越大,对电气系统优化的要求也日益增加。鉴于以上原因,电子电气架构 EEA(Electronic and Electrical Architecture,EEA)的概念就应运而生,取代了传统意义上的原理线束设计[14]。

2. 汽车电子电气架构分类

随着电子电气技术的进步,电子元件、电气中心、连接器、线径等正在朝着小型化的方向发展,以达到更小、更轻、更可靠的目标。与此同时,自动化的制造工艺与装配过程的发展,能够提高产品的可靠性、生产的灵活性以及一次下线的品质。更多的功能和特性增加到汽车中,导致汽车的电子化内容将不断增加,而电气化容量基本保持不变。

汽车电子电气架构的宏观表现为物理架构和逻辑架构,但其微观实现是通过各个电子电器件的集成式或分布式的系统级电子电气架构。汽车电子电气架构可分为三种:单元分布式电子电气架构、域中央式电子电气架构、整车中央式电子电气架构[15]。

单元分布式电子电气架使用主从结构,按照各个系统的功能来划分,有分布式执行器或传感器单元与区域控制中心。具有包装体积小、灵活性高、易于标准化的优点;但也有起动价格高,设计复杂的劣势。

域中央式电子电气架构表现为很高的集成度,可以将多个系统的功能集成在一起,使用传统的布线方法。优势为起动价格低,复杂度低,易于标准化;劣势为包装和装配复杂,灵活性低。

3. 汽车电子电气架构发展趋势

随着激光雷达、毫米波雷达、摄像头等大量传感器的加入,汽车逐步走向智能化,而汽车电子电气架构也需要从数据传输协议、智能驾驶系统的冗余性设计到软件框架都重新设计,以满足智能汽车的高数据传输量、人机交互功能以及智能驾驶安全性。对于整车企业来说,汽车电子化架构改变带来的,并非仅仅是像零部件企业那样进行业务结构调整,还需要车企在产业链条中重新收拢一些曾经流失的控制权。

在传统的汽车电子架构中,车辆的电子电气部件大部分都是以硬线方式连接,或者局部的 LIN 和 CAN 协议的连接方式组成。这种方式会增加线束长度和重量,当然也会增加布线工艺和成本。有数据显示,一辆中高端车的线束系统成本大约 550~650 美元,重量大约 60kg,长度大约 5000m,而按照原有电子架构,在智能驾驶时代,需要的线束长度会更长。对于续航和价格都高度敏感、同时在智能化浪潮中肩负更多数据传输压力的电动汽车来说,简化传统电子架构已经迫在眉睫。因此,在新型电动汽车的正向开发中,借助于芯片、电子元器件等的成本下降趋势,整车企业都在以车载以太网和域控制器为核心器件对汽车电子架构进行模块化设计。大幅度缩减线束长度,可以降低电线电阻,进而减少能量损耗,对于提升续航将会起到积极的作用。同时,装 100m 线比装 1500m 线也更快速便捷,这意味着汽车产能会快速提升,成本也将得到有效降低[16]。

在传统的车身架构中,汽车主要以 CAN 协议传输数据,其 500kb/s 的传输速率已无法满足未来智能化和数字化汽车的发展。为了处理未来汽车与卡车不断增加的数据处理要求,目前主要厂商正在研发中的可拓展型电子电气架构至关重要。电子电气架构算是一种革命性技术,有关这种架构的重要改进已经持续了超过 30 年。回顾过去,汽车电子电气架构距今最近的一次真正变革出现在 1983 年:博世(Bosch)集团推出了 CAN(控制器局域网)协议。当时,首款采用 CAN 总线的车型为 1986 款 BMW860 轿跑。此后,CAN 总线一直在车辆的电子电气架构中发挥重要作用。作为一种集中式网络,CAN 总线可以广播车辆的全部数据流,允许车内的各种控制器和传感器相互沟通[17]。

CAN 总线的出现改善了当时电子电气架构的效率与互操作性。另外,这种总线还显著降低了系统的复杂度,而复杂度降低又意味着可以减少布线数量。在这种情况下,CAN 总线不仅可协助车辆实现最高减重 45kg,还能节约珍贵的安装空间。CAN 与 LAN(局域网)

技术都非常稳定,可以让车辆的设计拥有更高的灵活度。虽然如今 CAN 网络已经开始承担更多功能,但由于未来车辆的传感器数据将比现在多很多,因此 CAN 总线可能也无法满足需求。除此之外,CAN 总线架构的带宽和吞吐量均相对有限,也难以应对未来车辆在数据流处理、网络安全及"终极"机器学习方面的需求。

CAN 总线因为其传输数据的功能性将继续留在电子电气架构的子网中,不过与 CAN 总线相比,正在快速发展的以太网可以提供比前者高 1000 倍的带宽。该技术的稳定表现已经得到充分验证,几乎每个家庭、每部计算机都在使用以太网。正因如此,以太网开始更多在汽车主动安全等对速度与容量有较高要求的应用中发挥作用。未来,以太网将主要成为一种辅助技术,与 CAN 总线并行工作。但因 CAN 总线的成本要更低,如果对带宽要求不高,则也可以无须升级到以太网络。此外,配合 CAN 总线使用时,为了使以太网总线不会被一些优先级不高的指令阻塞,可以让以太网单纯负责一些更关键的安全系统,然后将一些与驾乘舒适度有关的功能交给 CAN 总线处理。"CAN+车载以太网"的双主干网络总线架构,CAN 协议主要负责时效要求更高、数据量小的信息传输,而车载以太网则主要作用于不同的域之间,以实现数据量大的信息互通[18]。

3.1.3 车载以太网

汽车电子电气架构设计的核心内容是研究汽车电气系统的"组成"和"交互"问题,而"交互"分为硬线信号交互和网络信号交互。由于现代汽车上带有网络接口的电子控制器单元日益增多,网络信号的交互已经占有绝对优势,因此车载网络技术是进行汽车电子电气架构设计时需要重点关注的关键技术。随着汽车电子的日益复杂化、网络化和宽带化,车载以太网顺应此发展趋势在车内具有广阔的发展空间。

1. 概述

1) 以太网概述

以太网作为一种局域网(LAN)技术自 1973 年发明以来,已经历 40 多年的发展历程,成为当前应用最为普遍的局域网技术。以太网主要由 IEEE 802.3 工作组负责标准化,以太网从最初支持 10Mb/s 的吞吐量开始,经过不断的发展,支持快速以太网(100Mb/s)、千兆以太网(1Gb/s)、万兆以太网(10Gb/s)及 100Gb/s。同时,为了适应应用的多样化,以太网速率打破了以 10 倍为一级来提升的惯例,开始支持 2.5Gb/s、5Gb/s、25Gb/s 及 400Gb/s 的速率。以太网技术不仅支持双绞线的铜线传输介质,也支持光纤传输。随着城域以太网论坛(MEF)不断将以太网技术作为交换技术和传输技术广泛应用于城域网建设,以太网已经不仅仅局限于局域网应用,还可以更广泛地应用到城域网(MAN)和广域网(WAN)的领域。

在进入汽车领域之前,以太网已经获得了广泛的应用,同时还具有技术成熟、高度标准化、带宽高以及成本低等优势。随着近年来汽车电子化的快速发展,车内电子产品数量逐年增加,复杂性日益提高。以太网所具有的技术优势可以很好地满足汽车制造商对车内互联网络的需求。但由于车内电磁兼容的严格要求,以太网直到近些年才取得了技术突破从而得以应用到汽车内。

目前,主流的车载以太网的技术标准是基于博通公司的 BroadR-Reach(BRR)技术,IEEE 已经完成对 100Mb/s 车载以太网技术的标准化,正在对 1Gb/s 传输速度的车载以太网进行标准化。车载以太网在车内将主要应用在对带宽需求较高的系统上,如高级驾驶辅助系统(ADAS)、车载诊断系统(OBD)以及车载信息娱乐系统等。与传统的车载网络不同,车载以太网可以提供带宽密集型应用所需的更高数据传输能力,未来其将在车内具有广泛的应用前景[19]。

2) 以太网的发展

1969年的最早期互联网只能以50kb/s的速度传输数据。随着新技术的不断发展,目前互联网已经全面进入千兆比特时代。新技术不仅提高了互联网的数据传输速度,并且扩大了其影响范围。现代汽车中越来越多的安全性、舒适性以及迅速发展的自动驾驶功能,将促使全球汽车中数十亿计的电子控制单元通过互联网连接在一起。

现代汽车已经被深度网络化,至少体现在以下几个方面。

(1) 汽车内部的网络化。通过网络化实现整车系统控制,驾驶员信息显示,以及保证车辆的安全性和舒适性。

(2) 汽车之间的网络化,例如避免车辆之间发生碰撞。

(3) 汽车和道路基础设施之间的网络化,这可以进一步提高安全性和交通效率。

(4) 汽车和互联网之间的网络化,将使驾驶员可以实时获取当前交通状况等信息。

在目前阶段,汽车网络化还主要集中在汽车内部,并且使用的是在汽车工业以外很难看到的相对较为低端的网络技术。但随着汽车的工作方式变得日益智能化和越来越复杂,汽车网络化技术的升级已经迫在眉睫。但能够在汽车上使用的网络技术不仅仅需要更快、更便宜并且有能力连接所有节点,同样需要这种网络技术能够标准化并且得到广泛的接受。以太网是互联网中使用最多和最广泛的网络技术,自从1973年5月22日作为个人计算机的局域网技术被发明以来,以太网技术快速发展并且作为IEEE 802下的一个开放标准集合。以太网技术以WiFi的形式从有线网络发展到无线网络(也称为无线以太网),无线以太网在未来也将作为汽车外部网络连接的关键技术。当前全球每年有超过10亿的有线或无线以太网端口出货量,以太网在汽车工业的应用将极大地增长这一数字。

2. 车载以太网技术

1) 什么是车载以太网

车载以太网是一种用以太网连接车内电子单元的新型局域网技术。与普通的以太网使用4对非屏蔽双绞线(UTP)电缆不同,车载以太网在单对非屏蔽双绞线上可实现100Mb/s甚至1Gb/s的数据传输速率,同时还应满足汽车行业对高可靠性、低电磁辐射、低功耗、带宽分配、低延迟以及同步实时性等方面的要求[20]。

车载以太网的物理层采用了博通公司的BroadR-Reach技术,BroadR-Reach的物理层(PHY)技术已经由单线对以太网联盟(One-pair Ethernet Alliance,OPEN)标准化,因此有时也称车载以太网为BroadR-Reach(BRR)或OABR(Open Alliance BroadR-Reach)。车载以太网的MAC层采用IEEE 802.3的接口标准,无须做任何适配即可无缝支持广泛使用的高层网络协议(如TCP/IP)。

2) 车载以太网主要技术

车载以太网主要涉及OSI的1、2层技术,下面分别介绍车载以太网各主要技术[21]。

(1) 物理层PHY。车载以太网使用单对非屏蔽电缆以及更小型紧凑的连接器,使用非屏蔽双绞线时可支持15m的传输距离(对于屏蔽双绞线可支持40m),这种优化处理使车载以太网可满足车载EMC要求。100Mb车载以太网的PHY采用了1Gb以太网的技术,通过使用回声抵消在单线对上实现双向通信。车载以太网的物理层与标准的100BASE-TX的物理层主要区别有:

- 与100BASE-TX所使用的扰频器相比,车载以太网数字信号处理器(DSP)采用了高度优化的扰频器,可以更好地分离信号,比100BASE-TX系的频谱效率更高。
- 车载以太网的信号带宽为66.7MHz,只有100BASE-TX系统的一半。较低的信号带宽可以改善回波损耗,减少串扰,并确保车载以太网可满足汽车电磁辐射标准要求。

(2)"一对数据线供电"PoDL。以太网供电PoE技术是2003年推出的,可通过标准的以太网线缆提供15.4W的供电功率。在一条电缆上同时支持供电与数据传输,对进一步减少车上电缆的重量和成本很有意义。由于常规的PoE是为4对电缆的以太网设计的,所以专门为车载以太网开发了PoDL,可在一对线缆上为电子控制单元ECU的正常运行提供12V DC或者5V DC供电电压。

(3)先进电缆诊断ACD。ACD功能可以通过分析反射信号的幅度和延迟来检测电缆的故障位置,这对于实现车载以太网连接的高度可靠性至关重要。

(4)高能效以太网。当关闭引擎时,车上电子单元并不是全部关闭,这时需要用电池供电,而电池的电量又是有限的,这种情况下可采用高效能以太网技术关闭不再用的网络以降低耗电量。

(5)时间同步。车内某些应用需要实现不同传感器之间的时间同步,或者在执行某次测量时需要知道不同节点的时刻,这就需要在全部参与测试的节点间做到同步,某些精度甚至需要达到亚微秒级别。车载以太网采用了IEEE 802.1AS的定时同步标准,该标准通过IEEE 1588V2的Profile从而用一种更简单快速的方法确定主时钟,规定了广义的精确时间协议(gPTP)。

(6)时间触发以太网。车内的许多控制要求通信延迟要在微秒级。在传统以太网中,只有当现有的包都处理完后才会处理新到的包,即使是在Gb/s的速率下也需要几百微秒的延迟,满足不了车内应用的需求。为了解决这一问题,IEEE 802.3工作组开发了一种高优先级的快速包技术,使得快速包可插入正在处理的包队列中被优先处理以保证延迟在微秒级范围内。

(7)音视频桥接AVB。为了满足车内音视频应用的低延迟和可保证的带宽要求,可在车内使用IEEE 802工作组开发的AVB相关标准。

AVB技术提供了优先级、流量预留协议(SRP)、流量整形协议(FQTSS)等核心功能。AVB在车内的应用案例有同步多媒体播放、在线导航地图等汽车联网应用、ADAS以及诊断功能等。

IEEE同时还制定了AVB的传输协议,包括:

- IEEE 1722-2011:桥接局域网中的时间敏感应用第二层传输协议标准,也被称为音视频传输协议(AVTP)。
- IEEE 1733-2011:桥接局域网中的时间敏感应用第三层传输协议标准。由于该协议是一个第三层协议,预计不会被汽车行业广泛采用。

为了提升AVB的适应性,满足工业等更多应用场景,IEEE AVB任务组已更名为"时间敏感性网络"TSN 工作组，现在是 IEEE 802.1 五大任务组之一，致力于开发实现超低时延的控制网络。

3）车载以太网的优势

将现代以太网技术引入汽车中所带来的优势很多是来自以太网本身卓越的技术特性。

(1) 全双工(Full-Duplex)的运行方式。全双工运行意味着两个互相连接的设备可以同时发送和接收数据，相比于传统的共享式网络有三个优势：首先，全双工意味着两个设备可以同时发送和接收设备，而不需要轮流发送和接收数据。其次，全双工意味着更大的带宽总和。以 100Mb/s 的 BroadR-Reach 为例，考虑到两个方向上同时发送和接收数据，理论上的最大带宽总和为 200Mb/s。最后，全双工运行为不同设备之间的同步通信奠定了技术基础，例如实现诸如 AVB 这样的高级功能[22]。

(2) 包交换技术。包(packet)交换技术将通信数据拆分为称作包的消息(message)，在以太网中，使用帧(frame)更普遍。这些消息可以分段发送到不同的网络上，允许同时发生多个数据交互。现代交换机可以处理来自多个发送方的 frame，将每个 frame 转到正确的接收方，这不仅仅实现了多方数据交换，而且是多方的同时数据交换。图 3.10 所示为简单的 BroadR-Reach 交换机网络。

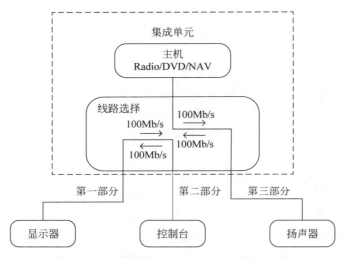

■ 图 3.10　简单的 BroadR-Reach 交换机网络

主机(head unit)和扬声器(speaker)之间的消息可以在每个方向上进行 100Mb/s 的数据传输，Display 和 Console 之间也是如此，而且它们之间的数据传输可以同时进行，因此总共的理论带宽最大可以达到 400Mb/s。

(3) 基于地址的消息。每个以太网消息都有一个源地址和目标地址。交换机通过目标地址将消息路由到它们的接收方；源地址可以被接收方读取并用于任何必要的回应。交换机对于消息的处理功能可以与汽车中的网关(gateway)进行比较，但它们之间存在一个很大的区别。网关的消息处理功能是由电子控制单元中的软件实现的，因此在网络拓扑改变时电子控制器单元的软件也必须改变。然而对于以太网交换机而言，它们可以连接在一起将消息自动传输到接收方，而不需要考虑网络配置的更改。这使得增加以太网设备而需要增加交换机时变得很容易，也允许创建任意规模的网络。交换机的这种灵活而强大的组网能力也是许多汽车整车厂将以太网作为汽车主干网的主要原因。图3.11展示了这种交换机组网机制。

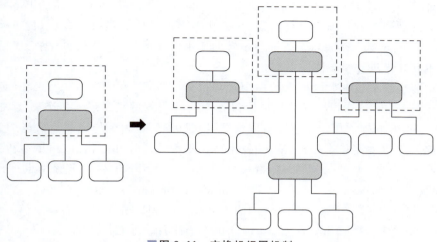

■图3.11 交换机组网机制

以太网技术的一个重要特点是在物理层实施时需要进行电气隔离，这在IEEE 802.3标准有描述，并且是基于IEC 60950-1：2001-Information Technology Equipment-safety标准中的规定。这种电气隔离需求根据具体的以太网速度和电缆接口有所不同，但对于像Gigabit以太网这种新型的以太网技术，以太网控制器和以太网线缆至少通过以下三种电气隔离测试：1500Vrsm at 50Hz to 69Hz持续60s；220VDC持续60s；以不少于1s的间隔实施10个2400V的变换极性的脉冲序列。这种电气隔离要求使以太网在极端恶劣的电气环境中具有很好的恢复能力，也是以太网能够在长距离、高速传输网络技术中非常受欢迎的一个原因。博通公司的BroadR-Reach技术有其自己的电气隔离需求，并且在汽车电子协会的AEC-Q100做出了规定。图3.12表示博通公司BroadR-Reach通过单对双绞线实现的100Mb/s的以太网技术。

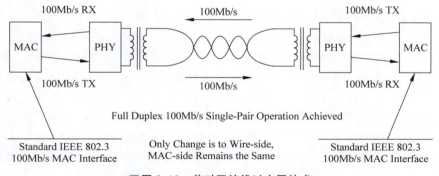

■图3.12 单对双绞线以太网技术

另外一个汽车以太网能够在降低重量的同时提高性能的领域是车载摄像头网络系统。近年来汽车中摄像头的数量迅速增加，在大多数的摄像头网络系统中，摄像头通过使用三种技术连接：①模拟量的NTCS(National Television System Committee)信号；②模拟量的

PAL(Phase Alternating Line)；③数字量的 LVDS(Low-Voltage Differential Signaling)。所有这些传统摄像头网络系统都需要相对厚重的线缆，并且需要使用屏蔽层用来保护传输的信号不被 EMI 干扰，这些都导致成本增加和维修困难。与此相反，博通公司的 BroadR-Reach 技术使用非常细的单对非屏蔽双绞铜线，与诸如 LVDS 这类传统技术相比，能够降低80%的成本和30%的重量。随着汽车工业逐步转向使用以太网技术，更多的竞争和产品的多样性将使成本在未来进一步下降。

无线功能也是车载以太网技术的一个优势。虽然 WiFi 在 IEEE 802.11 中定义，但正如前面所述，以太网 OSI 模型中的高层协议技术与特定的网络底层实施方案无关，这点对于以太网和 WiFi 同样适用。这意味着以太网引入汽车后也为更稳定和更快速的无线通信铺平了道路。与以太网技术一样，WiFi 技术也在不断地增强和进化，以满足不断变化的网络世界的需求。正如博通公司的 BroadR-Reach 技术，WiFi 针对汽车应用也推出了称为 WAVE(Wireless Access in Vehicular Environments)的技术，并且在 2010 年发布的 IEEE 802.11P 中进行了定义，并随后集成到 IEEE 802.11-2012 标准中。这为 V2V(vehicle to vehicle)和 V2I(Vehicle to Infrastructure)开拓了一种新的可能性，并且为 ITS 智能交通系统(Intelligent Transportation System)提供了强有力的网络技术，使得交通拥堵控制、紧急情况预警以及碰撞预警领域的技术得到提高。

4）车载以太网的机会

在汽车工业引入一种新的网络技术或者对现有的汽车网络技术进行大量的修改是代价非常高昂并且充满风险和困难的。汽车需要保证驾乘人员的生命安全并且在售出之后需要稳定运行 10 年以上，这意味着任何新技术所需要的大量硬件和软件更改必须进行广泛的测试和验证，这些工作费用高且非常耗时。因此汽车工业想要引入任何新技术并取得成功，必须提供抵消这些风险和成本的优势，这也是汽车工业引入新技术相对较慢的重要原因。车载以太网可以为智能汽车所需功能提供足够的带宽，并且具有在未来实现更好性能的潜力，它将作为高速、多方通信甚至使以往只能在科幻小说中出现的汽车功能成为可能。汽车工业从现在开始的以太网技术革命，将比 1990 开始的控制器局域网(CAN)产生更大和更深远的影响。

以太网作为局域网的标准技术已经存在了几十年，大量的传输方法和协议已经开发和实施完成。TCP/IP 是实现互联网通信应用的协议集合，从一开始 TCP/IP 就用来实现诸如电子邮件、万维网、文件传输以及即时通信等核心通信功能。音频视频桥接(Audio Video Bridging，AVB)是另一个用于以太网技术的通信标准集合，它主要应用于高性能的信息娱乐系统，用于传输对实时性要求比较高的音频和视频信息流。除了 TCP/IP、AVB 等通信协议集合为以太网所提供的诸多应用之外，还有很多协议是为了实现支持功能的，例如地址解析、网络追踪、时钟同步等。所有这些协议在 IEEE 和 IETF(Internet Engineering Task Force)的标准中都有定义。设计所有这些协议、应用和工具的目的是为了在不考虑底层实施的情况下运行任何类型的以太网，因此这些协议、应用和工具在车载以太网中也是可以使用的。除此之外，以太网不仅为汽车公司提供了多种多样的协议和应用，而且确保这些汽车公司可以获取大量的人力资本，并且使传统技术公司和汽车技术公司能够进行协同工作，这在以前几乎是不可能的。汽车上的电子控制器单元(ECU)之间的通信在不久的未来将不再使用汽车工业独有的技术，转而使用几乎每个其他工业都使用的相同技术。这必将使得汽车工业与其他工业之间的合作更容易,并且使汽车可以实现以往只能猜想或者梦想的先进功能。在不久的将来,我们将可以拥有具备高级音频和视频流功能的汽车、可以和收费站直接通信的汽车、可以智能充电的汽车,甚至是自动驾驶汽车。这种汽车工业和非汽车工业之间互相融合的趋势正在由像博通这样的半导体供应商引领。之前博通公司的绝大部分营业收入来自非汽车行业,但目前正逐渐成为汽车市场的重要巨头。

在过去的20年中,作为在汽车网络中占统治地位的CAN网络由于其最大1Mb/s的带宽使汽车电子工程师面临巨大挑战。随着汽车中ECU计算能力的不断增长,ECU之间网络连接所需要的带宽也相应地增长。如前所述,要在汽车中使用一种新的网络技术是一个非常具有挑战性的任务,例如之前FlexRay的应用。使用车载以太网同样需要巨大的努力,但它们之间存在着本质区别:汽车一旦使用了以太网技术,不仅仅是给汽车提供了一项经过数十年实际应用验证过的成熟网络技术,更为关键的是,以太网技术是可以确保应对汽车行业在未来所面对的诸多挑战的技术。以太网在过去的几十年中能够如此成功的一个最主要原因就在于它有能力不断地进化、改变并能够满足不断增长的带宽需求,与此同时又满足了对旧设备的向后兼容性。

以太网是使用OSI 7层网络参考模型的主要受益者。通过这种分层的模块化网络设计,以太网允许对网络底层的实施细节(OSI的第1层:物理层)进行大量更改,从而可以在使用新的通信线缆类型和更快的通信速度的同时,使其他所有的OSI模型高层协议和软件不做更改。这意味着诸如AVB、TCP/IP和其他运行在以太网上的协议功能即使在网络吞吐量增长10倍时也可以保持不变。使用以太网技术之后,在改变网络底层实施技术时不再需要使用全新的网络协议集合,但从CAN转向FlexRay必须这样做。1973年最初发明的以太网技术是在施乐(Xerox)的Palo Alto研发中心,那时的以太网与今天在住宅或办公场所中使用的LAN(Local Area Network)没有丝毫的相似之处,与在服务器机房和数据仓库的高速以太网更是大相径庭,但它们依然都是以太网,因为细节虽然在变化,但是在基本工作原理上很大程度是相同的。当以太网技术应用到汽车上,情况也是如此。博通公司的BroadR-Reach技术可以使用单对非屏蔽双绞线提供100Mb/s的网络带宽,这种通信方式从来没有被以往的任何类型以太网使用过,但它仍然在OSI参考模型的高层上与其他以太网无缝集成并工作方式一致。BroadR-Reach技术已经应用在量产汽车上,并且在2014年通过了IEEE 802标准化过程(1TPCE工作组-One Twisted Pair 100Mb/s Ethernet)。与此同时,同样是使用BroadR-Reach技术的更快速度的以太网(Reduced Twisted PairGigabit Ehternet,RTPGE)预计可以为未来的应用提供高达1Gb/s的带宽,并且具备完全的软件兼容能力。在未来几年,车载以太网的带宽将达到1Gb/s,未来的汽车将可以搭载目前的车载网络不可能实现的功能。

5)车载以太网发展趋势

车载电子变得日益复杂,越来越多的传感器、控制器以及接口对带宽的要求越来越高,车内不同的计算单元和不同的域之间彼此通信的需求越来越强。这种复杂性直接导致了对车内连线使用上的增长。在车载以太网进入汽车应用之前,车内已有多种不同的标准技术在应用,包括LIN、CAN、FlexRay、MOST以及LVDS等。几乎每个汽车电子器件都有其特定的线缆和通信要求,这必然导致车内连线复杂,车内线束已成为继引擎和底盘之外车内第三大成本支出的部分,生产环节中布置配线的人工成本占整车的50%。同时,车内线束在重量上也是继底盘和引擎之外占第三位的部分。降低线束重量的技术将会直接改善燃油使用的经济性。车载以太网承载在单线对非屏蔽双绞线的传输介质上,使用更小巧紧凑的连接器,将可减少高达 80% 的车内连接成本和高达 30% 的车内布线重量。

据全球著名的咨询公司弗若斯特沙利文公司(Frost & Sullivan)和 Strategy Analysis 预测,到 2020 年,全球将部署 4 亿个车载以太网端口;到 2022 年,全球部署的全部车载以太网端口将超过所有其他已部署的以太网端口总和。Frost & Sullivan 还预测,到 2020 年,对于低端车型每辆车上将有 6~40 个车载以太网节点,而豪华车型和混合/电动车型将会有 50~80 个车载以太网节点,有 40% 的已售车使用车载以太网;到 2025 年,车载以太网的市场渗透率将增加至 80%。

3. 车载以太网标准化

在车载以太网的标准化方面,4 个标准化组织或联盟起到了主要的推动作用,它们是 IEEE 802.3 和 IEEE 802.1 工作组、OPEN 联盟、汽车开放系统架构联盟 AUTOSAR 以及 AVnu 联盟。

1) IEEE

IEEE 802.3 制定的局域网标准代表了业界主流的以太网技术,车载以太网技术是在 IEEE 802.3 基础上开发研制的,因此 IEEE 是目前最为重要的车载以太网国际标准化机构。为了满足车内的要求,涉及 IEEE 802.3 和 IEEE 802.1 两个工作组内的多个新规范的制定和原有规范的修订,包括 PHY 规范、AVB 规范、单线对数据线供电等。

另外,AVB 中有关 AV 的传输、定时同步等规范还需 IEEE 的其他技术委员会的标准化,如 IEEE 1722、IEEE 1588 等。

2) OPEN

OPEN 联盟是于 2011 年 11 月由博通(Broadcom)、恩智浦(NXP)以及宝马(BMW)公司发起成立的开放产业联盟,旨在推动将基于以太网的技术标准应用于车内联网。相关单位可通过签署 OPEN 联盟的规范许可协议成为其成员,参与其相关规范的制定活动。

OPEN 的主要标准化目标有:
- 制定 100Mb/s BroadR-Reach 的物理层标准并将其推广成为开放的产业标准;
- 在相关标准化组织中鼓励和支持开发更高速的物理层技术规范;
- 制定 OPEN 的互通性要求,选择第三方执行互操作性测试;
- 发现车载以太网在实现过程中的标准化缺口。

OPEN 联盟与 IEEE 802 形成紧密的标准化合作。

3) AUTOSAR

AUTOSAR 是由汽车制造商、供应商以及工具开发商发起的联盟,旨在制定一个开放的、标准化的车用软件架构。AUTOSAR 的规范包括车用 TCP/UDP/IP 协议栈。AUTOSAR 获得了汽车产业的普遍认可,各制造商将放弃私有标准的开发转而在标准实现上展开竞争,实现 AUTOSAR 的标准可使多个设备无缝地运行在同一个共享网络上。

4) AVnu

AVnu 联盟是由博通联合思科、哈曼和英特尔公司成立,致力于推广 IEEE 802.1 的 AVB 标准和时间同步网络(TSN)标准,建立认证体系,并解决诸如精确定时、实时同步、带宽预留以及流量整形等重要的技术和性能问题。

目前，AVnu 已发布其车载以太网 AVB 的认证测试规范，并已认证了多个型号的产品。

需要补充的是，AVnu 的技术不仅仅可应用于汽车领域，也可应用于专业 A/V、工业以及消费类电子领域。

随着汽车日益智能化和联网化，汽车电子也将更为复杂化，其对带宽的需求也日益增强。车载以太网基于目前已经非常成熟的以太网技术，可以很好地满足汽车电子的新需求并为其提供可靠、成熟、低价和标准化的解决方案，未来在汽车行业具有广阔的发展空间。

3.1.4 未来架构的一些特点

车辆对系统数据吞吐量的更高要求，是推动下一代电子电气架构研发的主要动力之一。

1. 大处理与集中控制

计算机管理总系统，即计算机平台，就是将车上所有电子控制系统包括改善汽车本身性能的、增强驾驶人能力的，都由计算机管理总系统进行统一管理，并将所有的电子控制系统有机地组成一个整体，使技术能够充分而正确地发挥。

图 3.13 所示为当前汽车电子电气架构与未来汽车电子电气架构图。

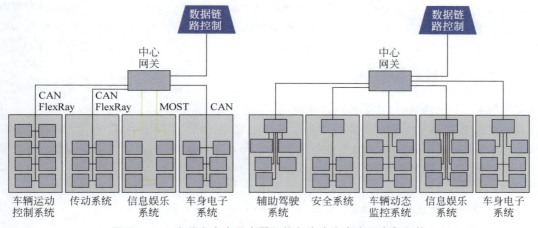

图 3.13 当前汽车电子电器架构与未来汽车电子电气架构

随着智能汽车的高速发展，系统功能越来越复杂、实时性要求越来越高、安全等级也越来越高，以 CAN 总线为基础的传统汽车分布式控制架构已不能满足未来需求，集成化的主干网加多域控制的新型电子电气架构成为未来智能汽车发展的最佳选择，对于智能汽车复杂功能和大量互联信息的高效传输及管理，以及系统安全十分必要[23]。

自动驾驶计算平台以环境感知数据、GPS 信息、车辆实时数据和 V2X 交互数据等作为输入，基于环境感知定位、路径决策规划和车辆运动控制等核心控制算法，输出驱动、传动、转向和制动等执行控制指令，实现车辆的自动控制，并通过人机交互界面（如仪表）实现自动驾驶信息的人机交互[24]。为了实现自动驾驶系统高性能和高安全性的控制需求，智能汽车计算平台汇集了多项关键技术，包括基础硬件/软件平台技术、系统安全平台技术、整车通信平台技术、云计算平台技术、核心控制算法技术等。

目前，汽车厂商一般会采用分布式汽车架构。在这种架构下，大量 ECU 单元会相互协同工作,共同为驾驶员提供各种功能。但这种架构已经快要"到达极限"。未来,域控制器仍将是所有汽车架构的基石,分布式架构随着车辆安全功能的增加,只会变得越来越复杂,但基本性质并不会改变很大,然而客户端的需求已经有了大幅提升。自动驾驶系统设计师希望利用1Gb的实时以太网提供1Gb/s,甚至更高的处理速度。从功能方面来说,这就像是把功能强大的大型计算机改成适用汽车的规格,然后再安装到汽车上。

从进化方面来说,架构的进化主要是因为特定领域内一些应用程序对数据提出了更高要求。例如,基于现有架构的混动车型可能就需要更多数据带宽。

从革命方面来说,架构的革命主要体现在利用Uber brain多域控制器,重新思考整个架构的设计。Uber brain可以承担多个ECU单元的工作,从而降低系统的复杂度、成本与重量。目前,德尔福、采埃孚、博世等供应商的量产产品中均有此类硬件设备。大众-奥迪也有意打造新的电子电气架构,它正在开展一项Z-Fast(即Zed Faust)项目,旨在重新探索旗下车型在主动安全领域中的电子电气架构,包括车载雷达、激光雷达、视觉系统、驾驶员状态监测及各种相关传感器与执行器等。这些功能都有一个共同点,那就是需要高速的数据处理。在这种背景之下,奥迪开始设计一种全新架构,在多域控制器中引入一款"可承担重负荷的"中央处理器,负责各个子系统间的协调与决策任务。

2014年Z-Fast紧凑型主板用在一款奥迪A8自动驾驶概念车上。该系统采用了英伟达(NVIDIA)的K1芯片与192核GPU,可处理几十个传感器的数据输入,从而根据当时的道路与交通状况计算车辆的安全导航行驶信息。这款中央处理器的硬件整合度与可拓展性均有所提升。

未来,由于主要的数据处理工作均将交由中央处理器进行,传感器的前端处理任务将会显著减轻,其中包括"飞行时间(time-of-flight)"与热管理系统的计算等,因此工程师就不用为每一个传感器单独配备高端微处理器。这样一来,未来汽车传感器占用的空间将显著缩小,成本也会有所下降。尽管目前部分系统可以支持升级,但这些系统通常都存在存储空间不足的问题,因此在升级前必须先卸载部分旧的设备。由于多域处理器可以提供足够的内存和处理速度,因此奥迪在未来很长一段时间内都可以没有负担地增加更多功能。对于一些真正具有前瞻性思维的厂商,中央处理器将成为一种未来之选。

2. 可重构设计

下一代电子电气架构工程师的目标是打造一个标准化硬件平台。这种架构很容易扩大或缩小,可以满足产品线上各类产品对功能与成本的不同要求。打造每一个架构的成本都非常高昂。为了不断满足新的需求,现代架构最重要的特点在于其灵活性和可重构性。当开始设计一个新的架构时,这个架构需要在其整个使用寿命中适应各种巨大的改变。设计是一个问题,但更重要的是适应能力。

AUTOSAR(汽车开放系统架构)联盟的主要目标之一,是在系统内与系统之间提供更大的灵活性。AUTOSAR Adaptive平台经过专门设计,可为工程师提供更多灵活的架构。这个平台可以为一些更复杂的系统提供一个软件框架,协助工程师利用以太网增加带宽。

需要说明的是,这并不是要取代AUTOSAR,该架构最先用于高级驾驶辅助系统(ADAS)方面的应用。此外,这种架构还可以协助标准操作系统,与更多互联功能和图像处理功能实现无缝整合,从而助力汽车信息娱乐系统的开发。AUTOSAR 4.x将成为通用新一代Global-B电子电气架构的基础。

对博世而言，架构的灵活性一直是公司所追求的重点之一。目前，博世的设计团队已经开发了多种下一代电子电气架构解决方案，以满足客户的各种要求。在模块化设计思路与1Gb以太网的推动下，未来的电子电气架构将从目前的分布式结构转为跨域结构（APAS、动力总成、车身和信息娱乐系统）。

多域架构才是未来之选，从目前的域架构转化为多域架构可以减少15%～20%的布线用量。

3. 在"云"端

"云平台"无法完成实时计算，但从长远来看，将出现一种新的架构模型，可以普遍实现"可靠、实时的无线连接"。但这种架构不会很快到来，甚至在5G环境下也不一定可行。

未来，汽车的计算能力将继续增加，达到能够进行自动操作的水平，而云计算则主要负责一些非实时活动及近实时的协调工作，例如判断周围交通状况与天气变化等。此外，车辆的安全功能将在很大程度上借助FOTA（空中固件升级）与SOTA（空中软件升级）来实现。无论选择何种安全攻击手段，黑客攻击的宗旨总是寻找薄弱环节入手。由于这些环节将出现变化，因而威胁模型也会发生变化。这就需要一种系统性设计方法，在设计中必须整体考虑车辆中的所有硬件和软件，甚至还要考虑云端的因素。

3.2 自动驾驶域接口

当前汽车已经实现了高级辅助驾驶系统（ADAS），包括辅助泊车、自动制动、行人检测和防撞等功能。各类传感器头和高速串行链路等底层技术是实现此类功能不可或缺的部分，随着整个行业向第五级完全自主驾驶方向发展，它们将继续发挥至关重要的作用。

为了使汽车快速应答命令并实时产生决策，ADAS应用程序必须快速捕获、处理来自多个摄像头和传感器的输入。车内摄像系统的数据速率通常比较高。以全景环视系统为例，每个摄像头的视频流通常为1280像素×800像素，帧率为30f/s。信息娱乐系统也依赖于摄像头，其支持的分辨率越来越高，以处理音频和视频数据。如今的汽车中，经常能看到多达8个支持安全功能的摄像头。安全和信息娱乐系统相结合，使得未来汽车上可能安装十几个摄像头，多个超高清显示屏，以及支持所有数据传输的串行链路。当然，车辆与车辆（V2V）和车辆与基础设施（V2X）之间的通信也相当重要。与ADAS和信息娱乐系统一样，V2V、V2X和传感器融合系统全部要求宽带和数据完整性，从而实现汽车间以及与道路基础设施间共享数据，并作出相应决策[25]。

据预测，从2018年到2020年，带宽需求预计提高大约25倍。更高的帧率和分辨率只会给汽车带宽带来更大的压力。然而，这是支持迅速扩张在线数据容量必不可少的，包括视频流、视频会议、游戏和社交媒体等车内活动。关于底层数据传输技术，其解决带宽、数据完整性、互联复杂度以及恶劣的工作环境等问题所面临的挑战越来越大。串行链路技术必须在这种汽车环境中运行良好，以支持高速、高可靠性和低延迟等要求[26]。

以太网架构在如今的汽车中很常见，可以实现比CAN总线快100倍的链路传输数据。然而，使用以太网也要求视频压缩传送，且其速度并不足以支持当今或未来汽车的要求。汽车制造商希望在车内传输百万像素分辨率图像的需求日益迫切，同时还需要满足摄像头内对空间及功耗预算的苛刻要求。

3.2.1 自动驾驶系统的硬件架构

就整体而言，汽车是个全社会化管理的产品，其固有的行业特点是相对保守的。在人工智能的大潮下，面对造车新势力和消费者需求变化的冲击，传统汽车行业渐进式的创新方法已经面临巨大的挑战，急需改变传统的架构和不断创新方法。自动驾驶整体的硬件架构不光要考虑系统本身，也要考虑人的因素。

自动驾驶系统主要包含三个部分：感知、决策、控制。从整个硬件的架构上也要充分考虑系统感知、决策、控制的功能要求。整体设计和生产上要符合相关车规级标准，如 ISO 26262、AECQ-100、TS16949 等相关认证和标准。目前 L1、L2、ADAS 系统的硬件架构体系和供应链相对完善的符合车规级要求。

感知层：依赖大量传感器的数据，分为车辆运动、环境感知、驾驶员检测三大类。

车辆运动传感器：速度和角度传感器提供车辆线控系统的相关横向和纵向信息。"惯性导航＋全球定位系统＝组合导航"，提供全姿态信息参数和高精度定位信息。

环境感知传感器：负责环境感知的传感器类似于人的视觉和听觉，如果没有环境感知传感器的支撑，将无法实现自动驾驶功能。主要依靠激光雷达、摄像头、毫米波雷达的数据融合提供给计算单元进行算法处理。V2X 就是与周围一切能与车辆发生关系的事物进行通信，包括 V2V 车辆通信技术、V2I 车辆与基础设施如红绿灯的通信技术、V2P 车辆与行人的通信等[27]。

驾驶员监测传感器：分为基于摄像头的非接触式和基于生物电传感器的接触式两种。通过方向盘和仪表台内集成的传感器，将驾驶员的面部细节以及心脏、脑部等部位的数据进行收集，再根据这些部位数据变化，判断驾驶员是否处于走神和疲劳驾驶状态。

计算单元部分：各类传感器采集的数据统一到计算单元处理，为了保证自动驾驶的实时性要求，软件响应最大延迟必须在可接受的范围内，这对计算的要求非常高。目前主流的解决方案分别基于 GPU、FPGA、ASIC 等。

车辆控制：自动驾驶需要用电信号控制车辆的转向、制动、油门系统，其中涉及车辆底盘的线控改装，目前在具备自适应巡航、紧急制动、自动泊车功能的车上可以直接借用原车的系统，通过 CAN 总线控制而不需要过度改装。

HMI 系统：车机、仪表、HUD 等车内 HMI 的设计的主要目的是与车内乘员实现交互，例如导航、接管提醒、语音交互等。并且能通过声音、图像、振动提醒司机注意安全，有效减少司机困倦、分心的状态。

3.2.2 自动驾驶域车内接口

现在市面上有诸多车内连接接口技术可供各家车厂选择，例如以太网络是一个已经被认为可取代旧有车用总线如多媒体接口 MOST、支持安全关键功能之通用高速传输接口 FlexRay 等的潜力技术；低功耗蓝牙（Bluetooth Low Energy）以及高速 802.11ac WiFi，可用以连接车辆与智能型手机/可穿戴装置。

此外，有线宽带 MHL 被应用于后座信息娱乐系统；同时旧有车用总线标准如 CAN 与

LIN仍在扮演车辆控制网络接口的角色。还有一些原本不是为车用开发的连接技术也抢着上车,如可利用廉价双绞铜线支持低电压、高速传输的低电压差动信号传输(LVDS),以及在高速传输应用中也常见的串行/解串器(SerDes)接口等[28]。

1. 同轴电缆

同轴电缆(Coaxial cable)是一种电线及信号传输线,如图3.14所示,一般是由4层物料造成:最内是一条导电铜线,线的外面有一层塑胶(作绝缘体、电介质之用)围拢,绝缘体外面又有一层薄的网状导电体(一般为铜或合金),然后导电体外面是最外层的绝缘物料作为外皮。根据尺寸来分,同轴电缆有不同标准规格,直径从1/8英寸到9英寸不等。

短距离的同轴电缆一般会用于家用影音器材或是业余无线电设备中。此外,也曾经被广泛使用在以太网的连接,直至被双绞线和光纤所取代。

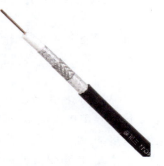

■图3.14 同轴电缆

长距离的同轴电缆常用作电台或电视台网络中的电视信号线。未来有被其他高科技器材渐渐取代的趋势,如T1/E1、人造卫星等。但由于同轴电缆相对便宜且早已铺设完成,因而沿用至今。

汽车制造商使用更多的摄像头和传感器来实现汽车安全,与此同时,同轴电缆供电(PoC)为汽车设计师们提供了一个紧凑型解决方案来降低车身重量。然而,世上没有十全十美的东西,在通过同一电缆输送电力和前后通道信号时可能会出现问题。另外,用来为系统供电的车载蓄电池在冷启动运行时会产生低至3V的宽电压偏移,而在钳位负载突降或其他瞬态条件下电压可高达42V。百万像素摄像头系统的最大挑战在于同轴电缆的潜在压降问题。为避免因压降产生的信号完整性问题,需要在传输PoC前将解串器电压至少增至9V。一旦将电力输送至串行器侧,就必须将电压调回串行器和图像传感器所需工作电压。

2. 双绞线

双绞线(Twisted Pair,TP)是一种综合布线工程中最常用的传输介质,是由两根具有绝缘保护层的铜导线组成的。把两根绝缘的铜导线按一定密度互相绞在一起,每一根导线在传输中辐射出来的电波会被另一根线上发出的电波抵消,有效降低信号干扰的程度。

双绞线一般由两根22~26号绝缘铜导线相互缠绕而成,"双绞线"的名字也是由此而来。实际使用时,双绞线是由多对双绞线一起包在一个绝缘电缆套管里的。如果把一对或多对双绞线放在一个绝缘套管中便成了双绞线电缆,如图3.15所示,但日常生活中一般把"双绞线电缆"直接称为"双绞线"。

与其他传输介质相比,双绞线在传输距离、信道宽度和数据传输速度等方面均受到一定限制,但价格较为低廉。

双绞线的优点包括传输距离远、传输质量高。由于在双绞线收发器中采用了先进的处理技术,极好地补偿了双绞线对视频信号幅度的衰减以及不同频率间的衰减差,保持了原始图像的亮度和色彩以及实时性,在传输距离达到1km或更远时,图像信号基本无失真。如果采用中继方

■图3.15 双绞线电缆

式,传输距离会更远。

布线方便、线缆利用率高。一对普通电话线就可以用来传送视频信号。另外,楼宇大厦内广泛铺设的 5 类非屏蔽双绞线中的任取一对就可以传送一路视频信号,无须另外布线,即使是重新布线,5 类线缆也比同轴电缆容易。此外,一根 5 类线缆内有 4 对双绞线,如果使用一对线传送视频信号,另外的几对线还可以用来传输音频信号、控制信号、供电电源或其他信号,提高了线缆利用率,同时避免了各种信号单独布线带来的麻烦,减少了工程造价[29]。

抗干扰能力强。双绞线能有效抑制共模干扰,即使在强干扰环境下,双绞线也能传送极好的图像信号。而且,使用一根线缆内的几对双绞线分别传送不同的信号,相互之间不会发生干扰。

可靠性高、使用方便。利用双绞线传输视频信号,在前端要接入专用发射机,在控制中心要接入专用接收机。这种双绞线传输设备价格便宜,使用起来也很简单,无须专业知识,也无太多的操作,一次安装,长期稳定工作。

价格便宜,取材方便。由于使用的是目前广泛使用的普通 5 类非屏蔽线缆或普通电话线,购买容易,而且价格也很便宜,给工程应用带来极大的方便。

3. 其他车内接口

1) AUX

AUX 是 Auxiliary(辅助)的缩写,它是一种额外的信号线路设计。在一般的音响器材上,除了正式的输出与输入端子之外,常常还会配备几个标有 AUX 的输出/输入端子,作为预备用的接续端。如果有特别的应用,例如要做额外的声音输出或输入,就可以利用这种端子。这种预备端子或线路,不论输出/输入,统称为 AUX。

在各大网络厂商路由、三层以上的硬件上通常具备这些接口。

AUX 端口(Auxiliary port)为异步端口,主要用于远程配置,也可用于拨号连接,还可通过收发器与 Modem 进行连接。支持硬件流控制(Hardware Flow Control)。AUX 端口与 Console 端口通常被放置在一起,因为它们各自所适用的配置环境不一样。

AUX 接口在用户与设备之间建立命令行的连接方式;为设备进行一些通常在用户模式下无法完成的操作,如初始化、恢复初始配置、修正不正常的用户模式等。为设备提供一个固定端口,它可以作为普通的异步串口使用,最高速率为 115 200b/s。利用 AUX 接口,可以实现对硬件产品的远程配置、线路备份等功能。

2) USB

USB 是英文 Universal Serial Bus 的缩写,中文含义是"通用串行总线"。它不是一种新的总线标准,而是应用在 PC 领域的接口技术。

USB 具有传输速度快、使用方便、支持热插拔、连接灵活、独立供电等优点,可以连接鼠标、键盘、打印机、扫描仪、摄像头、闪存盘、MP3 播放器、手机、数码相机、移动硬盘、外置光软驱、USB 网卡、ADSL Modem、Cable Modem 等几乎所有的外部设备。

USB 总线接口较上述传统串行通信标准接口而言,具有许多优点。

(1) USB 接口使用方便,统一的物理协议和连接器能满足多种外设需求,无须再为不同外设准备不同的接口和协议。

(2) USB 接口自带电源和地线,可由总线提供 5V 电压和最大 500mA 的电流,低功耗外设无需外接电源,非常适合于便携设备。

(3) USB 接口支持热插拔,无须断电即可进行设备与主机的连接和断开,操作非常简便。

(4) USB 接口真正支持即插即用,可自动识别 USB 总线上设备的插入或卸载,无须用户重新设定端口地址和中断请求。

(5) USB 接口的数据传输率比传统通信接口快十几倍甚至百倍,早期的 USB 2.0 的最大传输带宽为 480Mb/s(即 60MB/s),而 USB 3.0 的最大传输带宽高达 5.0Gb/s。

(6) USB 接口单独使用自己的保留中断,无须为不同外设申请多个 IRQ 资源和内存 I/O 地址,从而大大节省系统资源。

(7) USB 接口协议支持同步、中断、块和控制传输 4 种类型,可满足不同设备的数据传输要求,使其在实际应用中更具灵活性。

(8) USB 协议中定义了完整的错误检测机制,可以保证高速传输过程的可靠性。

3.2.3 接口存在的问题

自动驾驶车辆有大量的传感器会产生大量数据,当然会需要更大带宽的传输接口;针对以上问题,自动驾驶域数据传输接口仍存在较大发展空间,以下列出目前面临的部分问题。

(1) 随着越来越多电子装置进驻车辆(各种摄影机、雷达、光达、智能天线……),产生的数据也越来越多,更重要的是这些数据必须在很短的时间内进行传输与处理,因为 ADAS 指令的延迟可能人命攸关。

(2) 自动驾驶车辆的视讯性能非常重要,包括影像分辨率以及延迟性,因为影像传输若发生问题会产生致命结果;更高的影像分辨率与接近零的延迟,都需要更高带宽。

(3) 虽然在车内 15m 的传输距离感觉很短,但缆线并不一定是直直地从 A 点到 B 点,还会绕过座椅、车门甚至车轮,更别说车辆的引擎以及各种零部件。

3.3 整车总线及线控技术

3.3.1 汽车总线技术

汽车总线是指汽车内部导线采用总线控制的一种技术,通常称为汽车总线或汽车总线技术[30]。随着电子技术的迅速发展和在汽车上的广泛应用,汽车电子化程度越来越高。从发动机控制系统到传动系控制系统,从行驶、制动、转向控制系统到安全保证系统以及仪表报警系统渐渐形成了一个复杂的大系统。

LIN(局部互联协议)和 CAN(控制器局域网)是当前汽车普遍采用的汽车总线,还有用于汽车多媒体和导航的 MOST 总线等。

1. LIN 总线

LIN(Local Interconnect Network,局域互联协议)是由 Audi、BMW、Daimler-Chrysler、Motorola、Volcano Communications Technologies(VCT 通信技术公司)、Volkswagen(大

众)和 Volvo 等公司和部门(LIN 联合体)提出的一个汽车底层网络协议,是一种新发展的汽车子总线系统,其目的是给出一个价格低廉、性能可靠的低速网,在汽车网络层次结构中作为低端网络的通用协议,并逐渐取代目前各种各样的低端总线系统。这个标准与其相应的开发、测试以及维护平台的应用,将会降低车上电子系统开发、生产、使用和维护的费用。

1) LIN 总线的通信系统

在汽车网络中,主控制器发送任务给 LIN 网络上的通信。主控制器发送一个起始报文,该起始报文由同步断点和同步字节消息标志符所组成。相应地,在接收并且滤除消息标志符后,一个 LIN 网络由一个主节点和一个或多个从节点组成,所有节点都有一个从通信任务。该通信任务分为发送任务和接收任务,主节点还有一个主发送任务。一个从任务被激活并且开始本消息的应答传输。该应答由 2 或 4 或 8 个数据字节和一个校验码所组成。起始报文和应答部分构成一个完整的报文帧。这种通信规则可以用多种方式来交换数据:由主节点到一个或多个从节点;由一个从节点到主节点或其他的从节点,通信信号可以在从节点之间传播而不经过主节点或者主节点广播消息到网络中的所有节点。报文帧的时序由主控制器控制[31]。

2) LIN 总线特点

(1) 可靠传输。信号传输时间可靠;LIN 总线传输速率很高,最高速率可以达到 20kb/s;一个主控器和多个从设备模式不需要仲裁机制。

(2) 低成本。LIN 总线较少的信号线就可符合国际标准的相关规定;在节点处无需陶瓷振荡器或晶振就可以实现自同步,大大降低使用成本。

(3) 在网络上增加新的节点不需要在 LIN 从节点做硬件和软件更改。

3) LIN 总线的应用

LIN 总线在汽车上得到广泛应用,如汽车的方向盘相关部件、汽车座椅控制、车门控制系统和车载传感器等。LIN 可以很容易地连接到汽车网络中的智能传感器、制动器或光敏器件等,并且得到十分方便的维护和服务。LIN 总线的系统用数字信号量将模拟信号量替换,使得 LIN 总线性能提升很大。

2. CAN 总线

CAN 总线是 ISO 国际标准化的串行通信协议。在汽车产业中,出于对安全性、舒适性、方便性、低公害、低成本的要求,各种各样的电子控制系统被开发了出来。由于这些系统之间通信所用的数据类型及对可靠性的要求不尽相同,由多条总线构成的情况很多,线束的数量也随之增加。为适应"减少线束的数量""通过多个 LAN,进行大量数据的高速通信"的需要,CAN 总线应运而生[32]。

在当前的汽车总线网络中 CAN 总线占据主导地位。20 世纪 80 年代初德国博世公司为解决现代汽车中诸多的控制与设备之间的数据交换问题而开发了一种串行数据通信协议,因而产生 CAN 总线。CAN 总线分为高速 CAN 和低速 CAN,低速 CAN 是舒适型总线,速度为 125kb/s,主要连接着仪表、防盗装置等;高速 CAN 系统是动力型总线,采用硬线,速度为 500kb/s,主要连接着 ABS、ECU 等。CAN 总线的通信介质一般为双绞线,另外还有同轴电缆和光导纤维。

图 3.16 所示为汽车中 CAN 总线的应用。

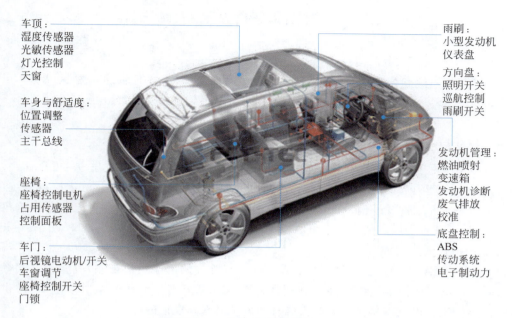

图 3.16　汽车中 CAN 总线的应用

1) CAN 总线的通信

在各节点的 CAN 总线均可以实现互相自由通信：多主竞争式总线结构是 CAN 总线的通信特点，CAN 总线上任意节点可在任意时刻主动地向网络上其他节点发送信息而不分主次，并且可在各个通信节点之间自由通信。国际标准化组织已经认证 CAN 总线，CAN 总线应用广、性价比高且技术比较成熟，对分布式测控系统之间的数据通信特别适用。

传统的站地址编码被 CAN 总线协议废除了，而对通信数据模块进行编码，这种方法的优点是可以使 CAN 总线的节点个数理论上在网络内没有限制。数据块编码的标识符可以由 29 或 11 位二进制数组成，因而有 2 或 2 个以上不同的数据块可以被定义，这种数据块编码的方式，还可以使相同的数据被不同的节点同时接收到，这一方式在分布式控制系统中普遍使用。为了保证通信的实时性，使得数据段长度最多为 8 字节，并且 8 字节不会占用总线时间过长。为了保证数据通信的可靠性，CAN 协议采用了 CRC 检验并可提供相应的错误处理功能。因为 CAN 总线的功能强大，所以越来越受到行业的重视。

CAN 总线对通信数据的成帧处理的完成：CAN 总线通信可完成对通信数据的成帧处理，包括数据块编码、信息传输、位填充、循环冗余检验、优先级判别等工作。在接口中集成了 CAN 协议的物理层的功能。

2) CAN 总线的特点

(1) CAN 总线在数据通信传输时没有主从之分，任意一个节点都可以向其他任何节点（一个或多个）发起数据通信，靠各个节点信息优先级先后顺序来决定通信次序。

(2) 对于 CAN 总线上的通信，在多个节点同时发起通信时，优先级高的先通信，优先级低的及时避让，因而通信线路不会拥堵。

(3) CAN 总线是两根导线铰接连接，可以避免信号干扰，使得信号传输更加可靠。

(4) 如果某个节点在通信时发生了严重错误，节点通信能够自动离开总线的功能。

（5）CAN 总线是双绞线。CAN 总线的实时性要求比较高，因而 CAN 总线适用于大数据量短距离通信或者长距离小数据量通信。

3) CAN 总线在设备的应用

CAN 总线可以分为高速 CAN 和低速 CAN，高速 CAN 系统传输速率为 500kb/s，主要控制 ECU、ABS 等模块的信号传输；低速 CAN 系统传输速率为 125kb/s，主要控制仪表、防盗等。

3. CAN FD 总线

CAN 是国际上应用最广泛的开放式现场总线之一。作为一种技术先进、可靠性高、功能完善、成本合理的远程网络通信控制方式，CAN 总线已广泛应用于自动化控制系统中。然而，随着系统复杂性和通信量的增加，传统的 CAN 总线由于带宽的限制已经难以满足市场需求。为了进一步提高传输速率，CAN 总线的升级版——CAN FD（CAN with Flexible Data-Rate）应运而生[33]。

它继承了 CAN 总线的主要特性，提高了 CAN 总线的网络通信带宽，改善了错误帧漏检率，同时可以保持网络系统大部分软硬件特别是物理层不变。这种相似性使 ECU 供应商不需要对 ECU 的软件部分做大规模修改即可升级汽车通信网络。

1) CAN FD 做出的改进

CAN FD 采用了两种方式来提高通信的效率：一种方法为缩短时间提高位速率；另一种方式为加长数据场长度、减少报文数量、降低总线负载率。在 CRC 校验段采用了三种多项式来保证高速通信下的数据可靠性。

（1）可变速率（CAN with Flexible Data-Rate）。从控制场中的 BRS 位到 ACK 场之前（含 CRC 分界符）为可变速率，其余部分为原 CAN 总线用的速率。两种速率各有一套位时间定义寄存器，它们除了采用不同的位时间单位 TQ 外，位时间各段的分配比例也可不同。

图 3.17 所示为 CAN FD 数据帧。

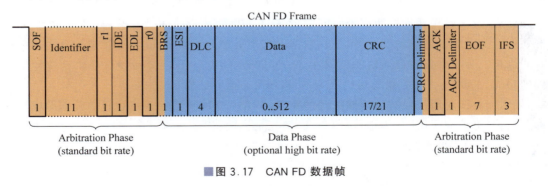

图 3.17　CAN FD 数据帧

（2）新的数据场长度。CAN FD 对数据场的长度做了很大的扩充，DLC 最大支持 64 字节，在 DLC 小于或等于 8 时与原 CAN 总线是一样的，大于 8 时则有一个非线性的增长，最大的数据场长度可达 64 字节。

（3）CRC 校验场。在 CAN FD 协议标准化的过程中，通信的可靠性也得到了提高。由于 DLCs 的长度不同，在 DLC 大于 8 字节时，CAN FD 选择了两种新的 BCH 型 CRC 多项式。

CAN 与 CAN FD 的对照如表 3.1 所示。

表 3.1 CAN 与 CAN FD 对照

Data Length 数据长度	CRC Length CRC 长度	CRC Polynom CRC 多项式
CAN(0~8 字节)	15	$x^{15}+x^{14}+x^{10}+x^8+x^7+x^4+x^3+1$
CAN FD(0~16 字节)	17	$x^{17}+x^{16}+x^{14}+x^{13}+x^{11}+x^6+x^4+x^3+x^1+1$
CAN FD(17~64 字节)	21	$x^{21}+x^{20}+x^{13}+x^{11}+x^7+x^4+x^3+1$

2) 如何从传统的 CAN 升级到 CAN FD

尽管 CAN FD 继承了绝大部分传统 CAN 的特性,但是从传统 CAN 到 CAN FD 的升级,仍需要做很多的工作。

在硬件和工具方面,要使用 CAN FD,首先要选取支持 CAN FD 的 CAN 控制器和收发器,还要选取新的网络调试和监测工具。

在网络兼容性方面,对于传统 CAN 网段的部分节点需要升级到 CAN FD 的情况要特别注意,由于帧格式不一致的原因,CAN FD 节点可以正常收发传动 CAN 节点报文,但是传统 CAN 节点不能收发 CAN FD 节点的报文。

总之,CAN FD 协议是 CAN-BUS 协议的最新升级,将 CAN 的每帧 8 字节数据提高到 64 字节,波特率从最高的 1Mb/s 提高到 8~15Mb/s,使得通信效率提高 8 倍以上,大大提升了车辆的通信效率。

4. MOST 总线

MOST 是 Media Oriented Systems Transport 的缩写,中文名称为"多媒体传输系统",是一种用于多媒体数据传输的网络系统,该系统将符合地址的信息传送到某一接收器上,在这一点上,与 CAN 总线是不同的。

1) MOST 总线的通信

MOST 网络以光纤为载体,通常是环状拓扑结构,布线只需单根光纤。MOST 可提供高达 50Mb/s 的传输速率,远远超过传统车载网络。常见的 MOST 网络有 3~10 个节点。一个时序主控者负责驱动系统时钟、生成帧数据即 64 字节序列数据。可以同时满足 15 个不同音频流的播放,环中的每一个节点都代表着多媒体设备。剩下的节点都充当从控者,有一个节点充当用户控制界面或 MMI。一般来说,这个节点也是时序主控者[34]。

2) MOST 总线特点

(1) 传输速度快。

(2) 声音、图像的实时处理。

(3) 可以与多种网络连接。

(4) 在物理层上,传输介质本身是有塑料保护套、内芯为 1mm 的聚甲基丙烯酸甲酯光纤,允许采用多种拓扑结构,包括星状和环状,汽车基本都采用环状拓扑结构,如图 3.18 所示。一个 MOST 网络中最多可以有 64 个节点。

3) MOST 总线的应用

MOST 总线由于传输数据量大、损耗小、速度快、抗干扰性强,故可连接汽车音响系统、视频导航系统、车载电视、高保真音频放大器、车载电话、CD 播放器等模块。因此,目前高端汽车大多数采用 MOST 系统连接其车载影音娱乐系统。

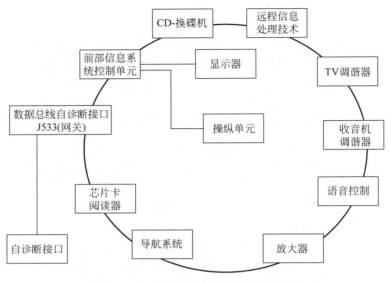

图 3.18 MOST 系统采用环状拓扑结构

3.3.2 汽车线控技术

传统汽车采用机械传动和液压传动控制车辆运动。传动效率低,机械连接方式复杂,很难适应自动驾驶技术电控需求。随着汽车电子化、智能化的不断发展,线控技术将颠覆传统传动机构,推动车辆智能化发展。线控技术的主要特征是执行机构与操纵机构没有直接的机械连接,驾驶意图将转换成对应的电信号驱动执行机构的精确运动。未来汽车将是一种轮式机器人。线控底盘是传统驾驶员手脚的延伸,由于其电信号传递特点,具有实时性好、精度高的特点,是智能车的灵活的"肌肉机器"。目前,线控技术主要是线控制动、线控转向和线控油门。线控技术难,主因是线控制动难。

1. 汽车线控技术应用

1)线控油门

线控油门的主要功能是将驾驶行为中油门控制转换为成正比的电压信号,发送给发动机控制器,自动优化控制。线控油门技术较为简单,现在已经广泛应用。

2)线控转向

线控转向实现了转向盘与转向轮完全分开,将驾驶意图中的转向信号通过电信号形式发送到转向电机,由转向电机驱动转向轮。在线自适应控制算法、可靠性设计等提高了转向控制精度。线控转向也已经得到实际应用,目前电子助力转向(Electric Power Steering,EPS)已经非常接近线控转向了。

3)线控制动

线控制动是汽车线控技术中最关键的部分,也是最难的。目前主要有两条技术路线:液压式线控制动(Electronic Hydraulic Brake,EHB)和机械式线控制动(Electronic Mechanical Brake,EMB)。

传统汽车通常采用液压制动。EHB 从真空助力器的替代技术开始,用一个电机来代替真空助力器推动主缸活塞。驾驶员的制动动作被转换成电信号,发送到电控单元驱动电控电机动作,完成液压执行机构的制动动作。这种线控制动仍然需要液压系统放大制动能量。液压系统的重量受限难以实现轻量化。另外,液压的电控化比较困难,不容易与其他电控系统整合。

近年来,EMB 技术是个火热的研究领域。EMB 取消了液压系统,直接用电机驱动机械活塞制动,小巧紧凑。EMB 实现了完全电子化,容易与其他电控系统整合到自动驾驶系统。但是存在以下缺点:没有备份系统,对可靠性要求极高;电能消耗大;容易发生高温失效,对于行车安全是致命缺陷。

2. 汽车线控技术关键技术

汽车线控技术涉及的关键技术比较多,其中的传感器技术是比较重要的,是线控系统组成的基本单元。汽车电子控制系统应用效果的良好呈现,需要传感器进行信息采集以及反馈精度。传感器技术的应用质量性能的提高,要充分注重可靠性和测量精度的控制。关键技术中的容错控制技术也是比较重要的,这一技术的科学应用大大提高了转向系统可靠性,保障了车辆行驶的安全。容错技术设计方法中的解析冗余以及硬件冗余的方法是比较主要的,硬件冗余能对部件和容易发生故障的部分提供相应备份,这样就能大大提高系统的容错性能。而解析冗余方法的应用,对系统容错性能也能有效地改善。

另一项重要技术为总线技术,主要用于车辆功能统筹,要求信息通信和系统的调和能力比较强。随着技术水平的进一步提高,触发协议以及 FlexRay、Byteflight 等为代表的总线标准就成为比较权威的标准。触发协议的恢复以及再整合效果比较明显,能有效消除多种容错策略,是比较完整的通信协议;Byteflight 总线标准则能满足高优先级消息迟延要求,以及能够完成个别消息中断处理的目标;FlexRay 同样具有很好的容错能力。

3.4 V2X 技术

3.4.1 V2X 概述

车用无线通信技术(Vehicle-to-Everything,V2X)是将车辆与一切事物相连接的新一代信息通信技术,其中 V 代表车辆,X 代表任何与车交互信息的对象,主要包含车、交通路侧基础设施、人和网络,分别采用以下缩写表示:V、I、P 和 N。具体信息模式包括:车与车之间(Vehicle-to-Vehicle,V2V)、车与路侧基础设施(如红绿灯、交通摄像头和智能路牌等)之间(Vehicle-to-Infrastructure,V2I)、车与人之间(Vehicle-to-Pedestrian,V2P)、车与网络之间(Vehicle-to-Network,V2N)的交互,V2X 结构如图 3.19 所示[35]。

V2X 将"人""车""路""云"等交通参与要素有机地联系在一起,不仅可以支撑车辆获得比单车感知更多的信息,促进自动驾驶技术创新和应用,还有利于构建一个智慧的交通体系,促进汽车和交通服务的新模式新业态发

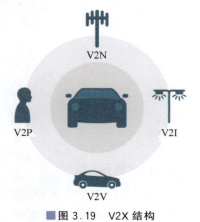

图 3.19 V2X 结构

展,对提高交通效率、节省资源、减少污染、降低事故发生率、改善交通管理具有重要意义。

图 3.20 所示为 V2X 效果示意图。

▌图 3.20　V2X 效果示意图

1. V2V 概述

V2V(Vehicle-to-Vehicle)是指通过车载终端进行车辆间的通信。车载终端可以实时获取周围车辆的车速、位置、行车情况等信息,车辆间也可以构成一个互动的平台,实时交换文字、图片和视频等信息。将 V2V 技术应用于交通安全领域,能够提高交通的安全系数,作用是减少交通事故,降低直接和非直接的经济损失,以及减少地面交通网络的拥塞。当前面车辆检测到障碍物或车祸等情况,它将向周围发送碰撞警告信息,提醒后面的车辆潜在的危险。

2. V2I 概述

V2I(Vehicle-to-Infrastructure)是指车载设备与路侧基础设施(如红绿灯、智能路牌等)进行通信,路侧基础设施也可以获取附近区域车辆的信息并发布各种实时信息。V2I 通信主要应用于道路危险状态提醒、限速提醒、信号灯提醒、滤波同行。

图 3.21 所示为 V2I 样例图。

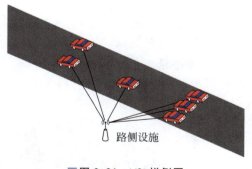

▌图 3.21　V2I 样例图

3. V2P 概述

V2P(Vehicle-to-Pedestrian)通过手机、智能穿戴设备(智能手表等)等实现车与行人信号交互,再根据车与人之间速度、位置等信号做出判断。有一定的碰撞隐患时,车辆通过仪表及蜂鸣器,手机通过图像及声音提示前方车辆或行人。V2P 通信主要应用于避免或减少交通事故等。行人检测系统可以在车辆、基础设施中或与行人本身一起实现,以向驾驶员、行人或两者提供警告。当车内警报系统变得越来越普遍(例如盲点警告、前向碰撞警告)时,在车内警告路上有行人存在也是切实可行的。而对于路上的行人来说,最简单和最明显的行人警告系统则是手持设备,如手机、智能手表等。

现有的一些警告方式有:允许盲人或视力低下的行人的智能电话自动呼叫的应用程序;当信号交叉口的人行横道内的行人在公交车的预定路径中时,利用车内设施警告公交车驾驶员;当行人在红灯时横穿马路的警告,以及试图转弯的司机被警告在人行横道上有行人等。

4. V2N 概述

V2N(Vehicle-to-Network)允许在车辆和 V2X 管理系统以及 V2X 应用服务器之间进行广播和单播通信,通过使用蜂窝网络来实现。车辆能够收到有关道路上发生的交通事故的广播警报,或原计划路线上的拥挤或排队警告等。V2V 和 V2I 都是代表近距离通信,而通过 V2N 技术实现远程数据传输。随着 5G 时代的到来,V2N 的能力会进一步加强,更有助于自动驾驶信息的获取与传输。

3.4.2 通信机制

V2X 通信技术目前有专用短程通信技术(Dedicated Short Range Communications,DSRC)与基于 LTE 车联网无线技术两大路线。DSRC 发展较早,目前已经非常成熟,不过随着 C-V2X 技术的应用推广,未来在汽车联网领域也将有广阔的市场空间。

图 3.22 所示为 V2X 通信机制。

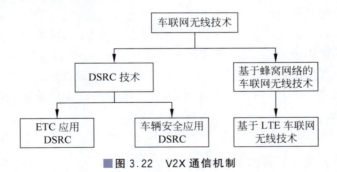

图 3.22 V2X 通信机制

1. DSRC

专用短程通信(Dedicated Short Range Communications,DSRC)是一种高效的无线通信技术,它可以实现在特定区域内(通常为数十米)对高速运动下的移动目标的识别和双向通信,例如实时传输图像、语音和数据信息,将车辆和道路有机连接。它是针对智能交通系统领域(ITS)中,车辆和道路基础设施间的信息交换而开发的一种适用于短距离的快速移动的目标识别技术。它可以提供高速的无线通信服务,并且能保持传输延时短和系统的可靠性。其在延迟、移动性、通信距离方面有着无可替代的优势,特别适用于车辆安全应用。目前全球范围内的大多车路协同项目的研究,均采用 DSRC 技术建立车辆网络[36]。

DSRC 是基于 IEEE 制定和完善的 WAVE/802.11p 协议族。IEEE 802.11p 具有易部署、成本低、技术成熟及 Ad-hoc 模式下支持 V2V 通信的优势。其定义了汽车与其他实体进行无线通信的物理层与 MAC 层，在这个标准协议之上是 IEEE 1609，其定义了 MAC 层一直到应用层的通信协议栈。DSRC 可以在车辆数量不是很多的情况下，完成交通管理通信服务。DSRC 是国际上专门开发适用于车辆通信的技术，1992 年由美国材料与试验协会（ASTM）最早提出。

2014 年美国国会、美国交通部、IEEE 以及各个大的车企，都在积极地推荐 DSRC 的立法工作，未来车辆都需要以 DSRC 作为 V2V 车辆安全标准。车辆将会通过 DSRC 发送和接收基础安全信息（即 Basic Safety Messages，BSMs）。

DSRC 技术具有如下特点。

(1) 通信距离一般在数十米（10～30m）。

(2) 工作频段：ISM5.8GHz、915MHz、2.45GHz。

(3) 通信速率：250～500kb/s，能承载大宽带的车载应用信息。

(4) 完善的加密通信机制：支持 3DES、RSA 算法；高安全性数据传输机制，支持双向认证及加/解密。

(5) 应用领域宽广：不停车收费、出入控制、车队管理、车辆识别、信息服务等。

(6) 具备统一的国家标准，各种产品之间的互换性、兼容性强。

(7) 具备丰富的技术支持，产品多样化、专业化。

DSRC 设备的研发是智能交通系统（ITS）研究中的一个重要课题，广泛地应用在不停车收费、出入控制、车队管理、信息服务等领域，并在区域分割功能即小区域内车辆识别、驾驶员识别、路网与车辆之间信息交互等方面具备得天独厚的优势。DSRC 技术在智能交通系统中的应用，不断改善和提高人们的交通出行效率。车—路之间的连接可以根据路况情况实时提供优化的驾驶路线，缓解交通压力；车—车之间的连接：提示车与车之间的安全距离，预警前方的事故，提高交通安全的系数。在 ETC 系统中，车载单元采用 DSRC 技术，建立与路侧单元之间的微波通信链路，在车辆行进途中，进行车辆身份识别、电子扣费，实现不停车、免取卡，建立无人值守车辆通道。在高速公路收费或者在车场管理中，都采用 DSRC 技术实现不停车快速车道。自 2013 年开始，所有的军车都安装车载终端，通过 DSRC 技术实现车辆身份识别。

2. LTE-V

大唐公司在国内外最早提出基于 LTE 系统的 LTE-V 技术，如图 3.23 所示，LTE-V 是基于第四代移动通信技术的扩展技术，它是专为车辆与车辆间通信协议设计的 V2X 标准，其网络架构如图 3.23 所示[37]。LTE V2X 针对车辆应用定义了两种通信方式：集中式（LTE-V-Cell）和分布式（LTE-V-Direct）。

1) 集中式

利用基站作为集中式的控制中心和数据信息转发中心，由基站完成集中式调度、拥塞控制和干扰协调等，可以显著提高 LTE-V2X 的接入和组网效率，保证业务的连续性和可靠性。

2) 直通方式

车与车间直接通信，针对道路安全业务的低时延高可靠的传输要求，节点高速运动、隐

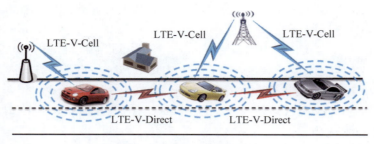

■ 图 3.23 LTE-V 通信形式

藏终端等挑战,进行了资源分配机制增强。

在实际应用中,LTE-V-Cell 技术可以为车辆提供高速数据的连续性传输,LTE-V-Direct 技术可以实现车与车之间的信息交互,避免车辆碰撞发生事故。图 3.24 为 LTE-V 技术的典型工作场景。图(a)中,车辆通过基站或路侧设备获得与远端 ITS(Intelligent Transportation System,智能交通系统)服务器的 IP 地址接入;图(b)中,车辆通过不同的基站或路侧设备,进而通过云平台,获得分发的远距离车辆的信息;图(c)中,车辆间直接交互与道路安全相关的低时延安全业务信息;图(d)为非视距(Not Line of Sight,NLOS)场景,车辆在十字路口由于建筑物的遮挡不能直接交互低时延安全业务,此时可以通过基站或路侧设备的转发,获得车辆间的道路安全信息。在上述场景中,图(c)可采用 LTE-V-Direct 模式进行通信,其他场景可采用 LTE-V-Cell 模式进行通信。

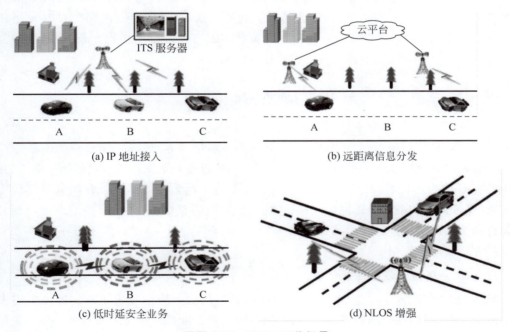

■ 图 3.24 LTE-V 工作场景

3GPP 的 LTE-V2X 标准化过程中,为了加快进程,确定基于 LTE-D2D(Device-to-Device)通信的物理层和高层进行增强,以支持多种 V2X 业务。LTE-D2D 系统主要为满足商业应用和公共安全的设备间通信,支持基站集中调度和分布式调度两种方式。LTE-V2X 由于要支持道路安全应用,资源分配机制应满足低时延、高可靠、更高效等需求。与 LTE-D2D 类似,LTE-V2X 也支持集中式调度(mode 3)和分布式调度(mode 4)。其中 mode 3 方式基于 LTE-Uu 接口进行集中调度,mode 4 方式基于 PC5 接口直通方式进行分布式调度。

3) LTE-V 与 DSRC 的比较

作为车联网的 V2X 无线通信技术,虽然 DSRC 有先发优势,但是 LTE-V2X 与 DSRC 相比,具有以下技术优势。

(1) 更好的远距离数据传输可达性。DSRC 网络采用多跳中继进行远距离数据传输,可能会受中继节点的影响,可靠性不高。而 LTE-V2X 可利用 LTE 基站与云端服务器连接,进行如高清影音等类型的高数据速率传输,具有更好的信息可达性。

(2) 更高的非视距(NLOS)传输可靠性。LTE-V2X 可利用蜂窝基站转发的方式支持 NLOS 场景,由于基站可高架,天线高度更高,可提高 NLOS 场景的信息传输可靠性。

(3) 网络建设和维护的优势。尽管 DSRC 可利用现有的 WiFi 基础进行产业布局,由于 WiFi 接入点未达到蜂窝网络的广覆盖和高业务质量,不仅 DSRC 的新建路侧设备需要大量投资进行部署,而且 DSRC 的 V2X 通信安全相关设备、安全机制维护需要新投入资金。而 LTE-V2X 可以利用现有 LTE 网络中的基站设备和安全设备等进行升级扩展,支持 LTE-V2X 实现车路通信和安全机制,可以利用已有 LTE 商用网络,支持安全证书的更新以及路侧设备的日常维护。

另外,LTE-V2X 更有利于我国独立知识产权的自主创新。目前国内在 DSRC 系列技术和产业方面缺乏核心知识产权、产业基础及优势。基于我国自主研发的 4G 移动通信标准 TD-LTE 技术,进行了自主创新,LTE-V2X 技术拥有核心自主知识产权,可打破国外产业在 V2X 通信技术的垄断,减少在知识产权方面的限制。

3.4.3 我国 V2X 发展基础与现状

近年来,我国在汽车制造、通信与信息以及道路基础设施建设等方面均取得了长足的进步。汽车产业整体规模保持世界领先,自主品牌市场份额逐步提高,核心技术不断取得突破。信息通信领域则涌现一批世界级领军企业,通信设备制造商已进入世界第一阵营,在国际 V2X、5G 等新一代通信标准的制定中也发挥了越来越重要的作用。在国家基础设施建设方面,宽带网络和高速公路网快速发展、规模位居世界首位,北斗卫星导航系统可面向全国提供高精度时空服务。我国具备推动 V2X 产业发展的基础环境,能够进一步推动 V2X 技术产业化发展和应用推广[38]。

1. V2X 业务应用发展路线

V2X 应用涉及汽车、交通等多个行业领域,不同的业务应用提出了不同的业务需求和通信需求。汽车行业、交通行业、通信行业以及跨行业产业联盟纷纷开展业务应用以及需求的研究。国内以中国汽车工程学会、中国通信标准化协会、车载信息服务联盟、未来移动通信论坛为主要的研究平台,国际则以 ETSI、SAE、3GPP、5GAA 为主要的研究组织。需求研究主要集中于安全类、效率类以及信息服务类应用。随着 5G 技术的发展,更高级自动驾驶以及更智能化交通系统的业务应用和需求研究已经开始。3GPP 针对性地研究了 eV2X 应用场景,主要分为车辆编队行驶(Vehicles Platooning)、高级驾驶(Advanced Driving)、传感器信息交互(Extended Sensors)、远程遥控驾驶(Remote Driving)。这4类增强的V2X演进的通信技术提出了更高的要求,即不仅仅是时延,还包括可靠性、吞吐量、车联网用户密度、安全等方面。5GAA也已经启动第二阶段V2X业务应用的研究,进一步推动5G系统支持车联网服务。

2. 我国V2X标准

国内各行业协会和标准化组织高度重视我国V2X标准的推进工作,包括中国通信标准化协会(CCSA)、全国智能运输系统标准化技术委员会(TC/ITS)、中国智能交通产业联盟(C-ITS)、车载信息服务产业应用联盟(TIAA)、中国汽车工程学会(SAE-China)及中国智能网联汽车产业创新联盟(CAICV)等都已积极开展V2X相关研究及标准化工作。初步形成了覆盖V2X标准协议栈各层次、各层面的标准体系[39]。

国内各标准组织的相关标准化工作已支持形成我国V2X标准体系,包括应用定义及需求、总体技术要求、关键技术、信息安全等多方面。但是,大部分标准是分散在不同的团体组织或行业标准化委员会内来开展研究制定的,仍然需要相互之间的统筹协同,加快推进形成体系完整统一的国家标准。

3. V2X在自动驾驶领域应用前景

近年来,自动驾驶领域发展迅速。但随着对自动驾驶研究的深入,单车智能自动驾驶的局限性也凸显出来。例如,传感器探测距离有限,并且容易受到遮挡;单车智能对于无信号交叉口通行等需要群体决策的场景无能为力。同时,考虑到车端传感器的安全冗余、传感器成本等因素,车路协同又一次被提及。车路协同是指,基于无线通信、传感探测等技术获取车辆和道路信息,通过车—车、车—路通信进行交互和共享,实现车辆和基础设施之间智能协同与配合,以达到优化利用系统资源、提高道路交通安全、缓解交通拥堵的目标。车路协同目前成为自动驾驶落地的重要手段[40]。

V2X是实现车路协同的重要技术。路侧传感器得到的感知信息可以通过V2I通信传输给自动驾驶车辆,自动驾驶车辆可以根据通过V2I通信获得的感知信息实现自动驾驶功能。路侧计算设备可以作为控制中心,自动驾驶车辆通过V2I通信将自身的运行状态、驾驶意图等信息上报到路侧计算设备,路侧计算设备可以综合所有车辆的信息,指导车辆协同通行。

车路协同可以首先在限定场景下实现。例如在高速公路部署车路协同设备,低级别(L2、L3)自动驾驶车辆可以根据路侧感知实现高级别(L4及以上)自动驾驶。又如在停车场,车辆可以根据部署在停车场内的摄像头、雷达等传感器,实现自主泊车。

参考文献

[1] 汽车电子控制技术的应用与发展趋势[J]. 汽车电子,[2011]. http://www.ic37.com/.
[2] 朱俊. 现代汽车的电子控制技术[J]. 电力电子,2013(02):42-54.
[3] 李定川. 汽车电子控制技术的应用与发展趋势[J]. 智慧工厂,2017(07):41-44.
[4] 萧襄宏. 汽车电控[EB/OL]. [2017-10-24]. https://baike.baidu.com/item/汽车电控/11053682?fr=

Aladdin.

[5] 现代汽车电子控制技术的应用与发展趋势[J].汽车电子,[2009].http://www.elecfans.com.
[6] 刘沛峰.汽车电控技术解读[J].黑龙江交通科技,2010(033):112-114.
[7] 高焕吉.汽车电子电气架构设计与优化[J].汽车电器,2011-06.
[8] 刘宇.浅析现代电子技术的特点及应用[J].科技创业家,2014-02-01.
[9] 周羽.电子技术在汽车上的应用及未来发展趋向分析[J].现代信息科技,2018-02-12.
[10] 马远辉.基于汽车电控技术发展的现代汽车维修策略[J].汽车实用技术,2018-04.
[11] 伍天海.汽车电子技术的应用及发展趋势[J].科技资讯,2018-03.
[12] 周嫣.浅谈汽车电子技术的发展趋势[J].无锡南洋职业技术学院论丛,2009-11.
[13] 浅谈电子技术在汽车上的应用[J].百度文库,[2012].http://wenku.baidu.c.
[14] 刘伟.汽车电子电气构架的开发[J].智能城市,2017-03.
[15] 安长俊.汽车电子电气架构的设计与优化[J].电子世界,2017-10.
[16] 2015—2020年中国汽车电控系统行业市场分析与发展前景预测报告[J].[2016].http://wenku.baidu.c.
[17] 屈凤祯.浅析目前汽车电子控制技术的应用现状及其发展趋势[J].电源技术应用,2013-05.
[18] 贾承前.汽车电子电气架构开发[J].汽车电器,2011-12.
[19] 李巍,张丽静,王燕芳.车载以太网技术及标准化[J].电信网技术,2016-06.
[20] 李志涛.车载以太网的研究与分析[J].汽车电器,2018-03.
[21] 郑子健,张殿明,丁光林,等.浅析基于车载以太网的总线拓扑结构[J].汽车电器,2016-12.
[22] 赵刚.基于车载以太网的协议研究[D].河北工业大学,2015.
[23] 智能汽车网联化[M].2018-06-15.
[24] 孔凡忠,徐小娟,褚景尧.智能汽车计算平台的关键技术与核心器件[J].中国工业和信息化,2018.
[25] 百度自动驾驶部王石峰.详解自动驾驶大脑、传感器、硬件架构及汽车线控系统[J].[2018].http://www.elecfans.
[26] 李德毅,赵菲,刘萌,等.自动驾驶量产的难点分析及展望.武汉大学学报·信息科学版,2018,43(12):1775-1779.
[27] 陈卓,车云,等.智能汽车:决战2020[M].北京:北京理工大学出版社,2018.4.
[28] Maxim 串行器和解串器技术满足未来 ADAS 和信息娱乐系统要求[EB/OL].[2017].http://www.elecfans.
[29] 浅谈双绞线及其应用[EB/OL].[2017].http://wenku.baidu.com.
[30] 韦志魁,韩小伟.汽车总线技术分析[J].内燃机与配件,2018-05.
[31] 基于CAN总线的故障诊断系统研究[EB/OL].[2016].http://wenku.baidu.com.
[32] 骆孟波.汽车总线控制技术与检修[M].北京:化学工业出版社,2011-07.
[33] 胡为东.CAN FD总线介绍及力科的测试解决方案[J].中国集成电路,2015-08.
[34] 张霞.线控技术在汽车电子应用中的实现[J].南方农机,2017-12.
[35] 于润东,余冰雁,李新洲,等.C-V2X标准化进展与测试验证[J].信息通信技术与政策,2018-07.
[36] 林玮平.自动驾驶及关键技术V2X[J].研究广东通信技术,2018-11.
[37] 陈山枝,胡金玲,时岩,等.LTE-V2X车联网技术、标准与应用[J].电信科学,2018,34(04):1-11.
[38] 吕玉琦,丁启枫,杜昊,等.汽车自动驾驶和V2X标准进展现状[J].数字通信世界,2019-03.
[39] 李智.高速公路车路协同应用场景研究[J].市政技术,2019-03.

第4章 自动驾驶测试与评价

4.1 国内网联车上路的测试政策

2018年4月,工信部、公安部、交通部三部委联合印发《智能网联汽车道路测试管理规范(试行)》[1],从国家层面明确了测试主体,测试驾驶人及测试车辆的相关要求,本节将以《智能网联汽车道路测试管理规范(试行)》(简称《规范》)为例,介绍国内网联车上路的测试政策、要求等。

4.1.1 测试主体要求

测试主体是指提出智能网联汽车道路测试申请、组织测试的单位,《规范》要求测试主体应符合以下条件:

(1) 在中华人民共和国境内登记注册的独立法人单位;
(2) 具备汽车及零部件制造、技术研发或试验检测等智能网联汽车相关业务能力;
(3) 对智能网联汽车测试时可能造成的人身和财产损失,具备足够的民事赔偿能力;
(4) 具有智能网联汽车自动驾驶功能测试评价规程;
(5) 具备对测试车辆进行实时远程监控的能力;
(6) 具备对测试车辆事件进行记录、分析和重现的能力。

4.1.2 测试驾驶员要求

测试驾驶人需经测试主体授权,并在测试出现紧急情况时对测试车辆实施应急措施的驾驶人,《规范》要求测试驾驶员应符合下列条件:

(1) 与测试主体签订劳动合同或劳务合同;
(2) 取得相应准驾车型驾驶证并具有3年以上驾驶经历;
(3) 最近连续3个记分周期内无满分记录;
(4) 最近1年内无超速50%以上,无违反交通信号灯通行等严重交通违法行为记录;
(5) 无酒后驾驶或醉酒驾驶机动车记录,无服用国家管制的精神药品或者麻醉药品记录；

（6）无致人死亡或者重伤的交通事故责任记录；

（7）经测试主体自动驾驶培训，熟悉自动驾驶测试规程，掌握自动驾驶测试操作方法，具备紧急状态下应急处置能力。

4.1.3 测试车辆要求

《规范》要求申请用于道路测试的智能网联汽车，包括乘用车、商用车辆，应当符合以下条件：

（1）未办理过机动车注册登记；

（2）满足对应车辆类型除耐久性以外的强制性检验项目要求；其中指出如因实现自动驾驶功能而导致的某些强制指标无法满足，测试主体需提供材料证明车辆安全性能能够保障；

（3）具备人工操作和自动驾驶两种模式，并能够安全、迅速、简单的方式实现模式转换，在转换时应当有相应的提示，保证在任何情况下都能切换成人工操作模式；

（4）具备车辆状态记录、存储及在线监控功能，能实时回传车辆控制模式、车辆位置、车辆速度、加速度等运动状态信息，并自动记录和存储在车辆事故或失效状况发生前至少90秒的数据，数据存储时间不少于3年，数据内容包括：车辆控制模式、车辆位置、车辆速度、加速度等运动状态、环境感知与响应状态、车辆灯光实时状态、信号实时状态、车辆外部360度视频监控情况、反映测试驾驶人和人机交互状态的车内视频及语音监控情况、车辆接受的远程控制指令（如有）、车辆故障情况（如有）；

（5）测试车辆应在封闭道路、场地等特定区域进行充分的实车测试，符合国家行业相关标准，省、市级政府发布的测试要求以及测试主体的测试评价规程，具备进行道路测试的条件；

（6）测试车辆自动驾驶功能应由国家或省市认可的从事汽车相关业务的第三方检测机构进行检测验证。

4.1.4 交通事故处理程序

《规范》中规定在测试期间发生交通违法行为，应由公安机关交通管理部门按照现行道路交通安全法律法规对测试驾驶人进行处理。

若在测试期间发生交通事故，当事人应保护现场并立即报警。造成人员重伤或死亡、车辆损毁的，应当按照道路交通安全法律法规认定当事人的责任，并依照有关法律法规及司法解释确定损害赔偿责任，如构成犯罪则依法追究刑事责任。并且测试主体应在24小时内将事故情况上报省、市级政府相关主管部门；省、市级政府相关主管部门应在3个工作日内上报工业和信息化部、公安部和交通运输部。

在事故责任认定后5个工作日内，测试主体应当以书面方式将事故原因、责任认定结果及事故分析报告等相关材料上报省、市级政府相关主管部门。省、市级政府相关主管部门应在5个工作日内上报工业和信息化部、公安部和交通运输部。

4.2 自动驾驶智能化指标评测体系

如何衡量自动驾驶车辆的能力,回答这个问题需要构建自动驾驶测试与评价体系,通过指标化的评价项目来全面系统评价自动驾驶能力,指导自动驾驶车商用量产工作。本书阐述的自动驾驶测试与评价体系主要分为测试和评价两大部分。其中测试体系为纵向分层、横向分阶段的测试体系,以"安全第一"为原则推进各个测试阶段,包括模型在环(MIL)、软件在环(SIL)、硬件在环(HIL)、车辆在环(VIL)、道路在环(RIL)测试。其中模型在环(MIL)、软件在环(SIL)和硬件在环(HIL)为实验室环境测试,为后续的车辆在环和道路在环测试做铺垫。自动驾驶评价体系主要分为分级体系、评价标准和综合评价模型三部分。每一部分是后一部分的基础,是后一部分得以开展的先决条件。分级体系部分包括分级理论、智能化分级、ODD分级及对应场景等内容,主要着眼于构建自动驾驶分级体系,为后续的评价和应用做铺垫。评价标准部分包括基于仿真环境的评价标准、基于车辆在环的评价标准、基于道路在环的评价标准,目标是制定自动驾驶仿真、车辆在环、道路在环分级对应评价标准,用以指导研发测试工作。综合评价模型部分包括智能化能力模型、评价项目、权重矩阵和评价标准,用于全面系统评价自动驾驶能力,指导自动驾驶车商用量产工作。自动驾驶测试与评价体系框架如图4.1所示。

4.2.1 测试场景

自动驾驶的实验室环境测试、车辆在环测试以及实际道路测试都是以场景库为基础,通过对选取特定场景进行测试,获得具体场景对应测试数据,从而进行分析。因此自动驾驶测试场景是自动驾驶的基础,能为自动驾驶能力提供有效验证,为自动驾驶车辆上路提供主要的依据。在自动驾驶快速发展的情况下,确立自动驾驶场景库的标准十分迫切。

《北京市自动驾驶车辆封闭测试场地技术要求(试行)》[2]对测试场景要求进行如下规定。

(1) 自然环境:晴天,白天,能见度500m以上,干燥路面。
(2) 交通流:通过模拟机动车、模拟行人、模拟自行车等设备模拟动态交通流。
(3) 道路:按照评估内容,选择封闭试验场地内对应能力评估场地,合理动态布设。
(4) 速度:按照城市道路一般交通流速度,自动驾驶车辆的速度限制在60km/h以下。

在评估内容中,包括雨天、雾天、夜间等自然环境的,需布置对应的雨天、雾天与夜间自然环境。网联驾驶能力评估时,需在场地内布置安装具备网联通信的能力的车辆、人和道路基础设施等。

国内的其他城市也陆续出台了一系列网联车测试规范,但是目前国内外均没有针对自动驾驶场景库建立统一的标准,在这种背景下,百度基于实际测试工作,提出了自动驾驶场景ADS库建设框架如图4.2[3]。

总地来说,自动驾驶测试场景结构可分为三层:数据层、场景层、测试执行层。数据层负责从各方面采集场景构建所需要的实际数据,并将其处理导入场景层。为了确保生成的测试场景符合客观事实,需要对初步生成的场景进行测试验证。场景层作为测试体系的底

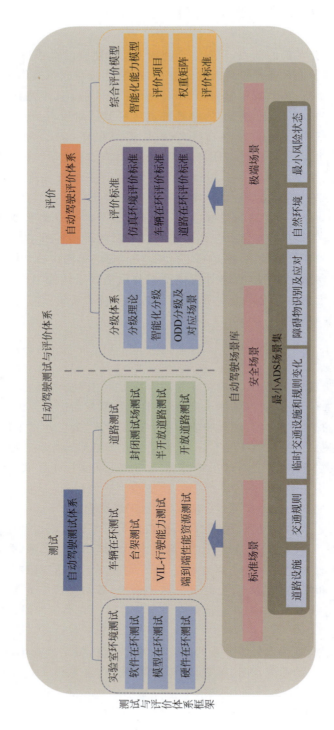

图 4.1　自动驾驶测试与评价体系框架

第 4 章 自动驾驶测试与评价

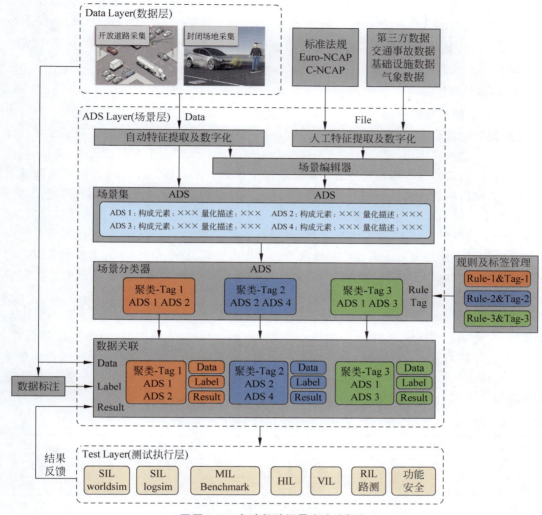

图 4.2 自动驾驶场景库建设框架

层基础,需要对测试体系起到聚合的效果,同时又需要将测试内容进行拆分细化。测试层也可通过调用场景库中场景为测试服务,并将测试结果反馈给场景库。场景库是场景的载体平台,通过包括场景数据采集、分析挖掘、测试验证和应用改进等步骤和机制将各层数据关联,实现内容闭环。

1. 场景数据采集

场景数据采集是场景构建的第一步,该步骤主要采集场景建立过程中所需要的各种数据,如车辆状态位置信息、障碍物信息、地理信息等。数据采集主要依靠车辆采集平台实现,车辆需要根据需求统一安装激光雷达、摄像头、毫米波雷达等采集设备,规定采集变量和参数格式,在采集回来之后可以利用自动化工具对数据进行自动特征提取和数字化。另一方面场景数据是来自文字记录或图表示意的行业标准法规测试场景、交通事故数据库、气象数据库等非数字化来源。从标准法规和交通事故等数据库中来的数据因为格式和参数不同，需要依靠人工进行特征提取并数字化。故场景数据采集主要包含采集要求定义、采集方案制定、数据预处理及数据传输 4 个环节。除此之外，第三方数据、仿真测试台架、路侧设备数据采集等其他方法也可丰富数据来源。为第二步的场景分析挖掘奠定基础。

2. 场景分析挖掘

第二步是场景分析挖掘。对上一步采集到的数据需要首先处理，如场景理解、数据清洗、特征提取挖掘等，统一格式之后再导入到场景库。导入场景库中的数据需要围绕场景进行聚合（类）、生成和优化等环节，从而构建各个不同场景。如对于十字路口场景、主车信息、障碍物信息、道路信息等都是与特定场景绑定在一起的。此时场景库的场景是单独和孤立的场景，需要给场景增加各类标签和规则，通过标签和规则进行统一管理查询和调用。如可以通过特定标签和标签的组合筛选出所需的特定类别场景。具体来说，当筛选"路口""红绿灯由绿变红""障碍车切入"这三类标签时，即可聚类出一类路口红绿灯由绿变红同时有障碍车切入的场景。标签可以人为设定和修改编辑。数据关联操作中并非所有场景都有对应的"数据"或"标注"内容。例如人工设计的场景，不会存在对应的采集数据。功能安全类场景也不存在具体的"数据"。

场景库应包含各种类型、各种维度，涵盖主要典型场景和各种极端场景，如不同道路类型等级、交通标志和标线识别、天气状况、障碍物识别与应对、人机交互、最小风险状态等。为此，我们以能力为导向，将场景库按能力划分为 7 大类共 70 个能力项，各类可根据自身需求和技术特点在能力项的基础上进一步构建二级场景和测试用例。详细 ADS 场景主要维度列表如表 4.1。

表 4.1 自动驾驶场景设计维度

序号	层 级	能 力 描 述
1	Layer 1-道路	保持在车道内行驶
2		换道
3		在路口直行或转向
4		掉头
5		进出主辅路
6		通过车流交织路段
7		通过上下坡
8		通过环岛
9		通过立交桥
10		通过隧道
11		靠边停车
12		起步
13		泊车
14		通过收费站
15		通过铁路道口
16		在特殊路面材质道路上行驶

续表

序号	层级	能力描述
17	Layer 2-交通规则	依据限速要求行驶
18		遵守交通信号灯
19		遵守停止避让标志指示
20		遵守禁行和禁停标志标线
21		正确使用待行区
22		正确使用可变导向车道
23		识别并遵守限行指示(单行道,禁止转弯等)
24		识别并正确使用限制性车道(公交车道,HOV等)
25		识别并遵守不同类型车道线
26		识别并响应车道导向指示(直行/左转/右转/复合箭头或标志)
27		正确使用灯光和鸣笛
28		识别出交通设施并做出应对
29		识别特殊区域标志并应对通过
30	Layer 3-临时交通环境变化	能检测出临时交通设施并遵守(隔离带、隔离墩、锥桶等)
31		识别并应对改道指示
32		能检测出路面异物并应对
33		能检测出路面深坑并应对
34		能检测出施工区域并绕行
35		能检测出交通标志标线变更或缺少并遵守
36		能检测出临时交通信号灯变化并遵守
37		依据警察或交通指挥人的指引行驶
38	Layer 4-障碍物识别及应对	对前方静止车辆行人做出反应
39		跟车行驶
40		应对前方车辆切入或切出
41		超车
42		完成换道或并道,并且避让目标车道内的车辆行人
43		应对相邻车道内的车辆行人
44		在路口避让车辆行人
45		应对行人穿行马路
46		应对前方车辆急刹或行人突然出现的紧急情况
47		应对占用部分车道的车辆行人或其他障碍物
48		能检测出故障车辆或违规停车并绕行
49		能检测出路面小体积障碍物或动物并避让
50		能检测出次要障碍物并应对
51		识别并避让应急车辆
52		能检测出车辆上方障碍物并应对
53		应对前方借道行驶车辆
54		理解其他车辆灯光鸣笛的意图,理解行人的手势
55		能检测出交通参与者的其他危险行为并应对

续表

序号	层级	能力描述
56	Layer 5-自然环境	应对光线变化
57		应对雨天
58		应对雪天
59		应对雾天或雾霾
60		应对低温或高温
61		应对不理想的通信或信号环境
62	Layer 6-人机交互	能进行人机交互
63		允许乘客输入目的地并规划路线
64		按乘客要求变更路线或靠边停车
65		停车到指定位置并允许乘客上下车
66	Layer 7-安全性及最小风险状态	紧急制动
67		应对功能失效
68		应对系统入侵
69		意外情况发出警示及接管请求
70		意外情况下回退到最小风险状态并安全停车

场景库建设是在场景设计的基础上，采集相关数据并整合进入场景库平台。场景库建设分为数据采集、数据处理和数据管理。

数据采集主要针对场景设计中确定的场景进行数据采集工作，进一步确定各参数信息，数据采集主要有采集平台、采集规划和采集结果三方面主要内容。

数据处理部分主要包括数据标准化、数据分析以及数据标注等方面。数据标准化对采集过来的数据进行处理，统一数据的标准格式，为后续存储计算使用打下基础。数据分析则是基于处理后的数据对其进行分析，寻找其中的规律，促进测试相关工作质量和效率的提升。数据标注则是基于采集的实际场景，利用深度学习的算法或是人工对各种障碍物，包括红绿灯、点云、车辆和行人等进行标注，以促进自动驾驶相关算法的训练和改进。

数据管理部分主要包括数据平台建设、数据格式定义、外部接口标准等。数据平台建设主要是搭建承载场景数据的技术平台，可以存储、调用、展示采集来的数据。数据格式定义则规定了在数据平台存储的数据格式。外部接口标准则定义了数据平台对外输出和调用的接口标准，为场景测试和平台开发做铺垫。

3. 场景测试执行

每个数字化的"场景"通过关联"数据""标注"后，即可用于测试层，进入场景构建的第三步，场景测试验证和应用改进。场景测试验证主要是将场景库内已经构建好的场景实例抽取出来，用包括虚拟场景验证、实车场景验证和专家评审等验证方法评价和确认场景的真实性、代表性和有效性，以更好地服务于技术和产品测试和研发工作，包括仿真测试、模型在环测试(MIL)、硬件在环测试(HIL)、车辆在环测试(VIL)、道路测试和功能安全等测试环节。例如，具有数据内容的场景可以用于"logsim"，具有标注内容的场景可以用于对比测试。已完成的聚类标签，可以更好地辅助测试层分析问题，进行更有针对性的测试。场景库中的场景是以统一格式存储的，但各测试环境要求的场景格式不同，此时就需要场景库将场景按照测试需求转化成所需格式导出。场景测试结束之后的结果可以再进一步反馈给场景库,对场景进行补充修改,或者根据需要添加特定场景,丰富场景库。场景库再进一步有效支撑测试研发工作,从而形成正向循环。同时各测试方法的测试结果反馈至对应场景。

总结以上自动驾驶场景库建设流程,各部分具体包含内容如表4.2所示。

表 4.2 场景库建设内容

测试方向	测试内容
数据采集	采集路径规划
	采集平台
	传感器安装与标定
	数据存储
	数据同步
	数据传输
数据处理	数据清洗
	数据标准化
	数据存储
	数据分析
数据标注	2D/3D标注
	点云标注
	深度学习算法标注
	模型训练
	模型评估
数据管理	数据平台建设
	数据库结构
	数据格式
	数据查询展示
	数据接口标准
场景测试	仿真测试
	车辆在环测试
	道路测试

4.2.2 仿真环境评价指标

仿真测试,是指对自动驾驶系统在计算机里进行虚拟场景的测试。仿真测试目的在于测试自动驾驶系统在各种虚拟场景下的感知、决策和控制能力。通过仿真测试能够复现实际情况下各种可能场景,从而测试自动驾驶系统的决策控制能力,发现问题,避免问题进入后续测试环节,从而降低风险提高开发效率,是自动驾驶车辆安全上路的必要条件。仿真环境测试阶段评价指标分为定位、感知、预测、决策规划和控制5个方面,每个方面包含具体的测试指标,如表4.3所示。

表 4.3 仿真环境评价指标

定位	定位横向误差
	定位纵向误差
	定位直线误差
	定位俯仰角误差
	定位横滚角误差
	定位航向角误差
感知	红绿灯灯型识别准确率
	红绿灯灯型识别召回率
	红绿灯灯型颜色准确率
	红绿灯灯型颜色准确率
	障碍物识别距离
	最小分类距离
	识别障碍物离地高度
	障碍物识别准确率
	障碍物识别召回率
	行人识别准确率
	行人识别召回率
	障碍物朝向正确率
	Heading 成功率
	Tracking 成功率
预测	对车辆预测准确率
	对车辆预测召回率
	对行人预测准确率
	对行人预测召回率
	对自行车预测准确率
	对自行车预测召回率
	车辆直行轨迹预测
	车辆直行变道轨迹预测
	车辆左、右转弯轨迹预测
决策规划	直行策略
	跟车策略
	Stop 策略
	主动变道策略
	普通变道
	主动变道
	低速车辆主动变道
	禁止连续变道策略
	变道取消策略
	停止线掉头策略
	路口直接掉头
	左转弯
	右转弯
	其他策略

续表

控 制		油门控制精度
		油门控制误差
		转向控制有效精度
		制动精度误差
		直线跟踪纵向误差
		直线跟踪横向误差
		转弯跟踪误差
		换道跟踪误差
		掉头误差

4.2.3 道路测试指标

道路测试指标主要分为环境感知能力、执行能力、紧急处置能力和综合驾驶能力[4],如图4.3所示,具体分为26个测试指标,依据《北京市自动驾驶车辆道路测试能力评估内容与方法》[5]规定测试指标具体内容及要求如下。

1. 环境感知能力

交通标志识别认知与交通法规遵守能力评估按照以下方式操作。

(1) 依据封闭测试场地道路实际情况,合理动态布置交通标志及辅助隔离设施,安排测试路线,引导自动驾驶车辆对标志做出反应。

(2) 自动驾驶车辆按照标志的文字或符号传递的引导、限制、警告或指示信息行驶。

(3) 评估标志不少于5种,包括但不限于禁令、警告、指示标志等。

交通标线认知与交通法规遵守能力评估按照以下方式操作。

(1) 依据封闭测试场地道路实际标线情况,合理布置辅助隔离设施,安排测试路线,引导自动驾驶车辆对标线做出反应。

(2) 自动驾驶车辆按照路面上的各种线条、箭头、文字、立面标记、突起路标和轮廓标等传递的信息行驶。

(3) 评估标线不少于5种,包括但不限于禁止、警告、指示标线等。

交通信号灯认知与交通法规遵守能力评估按照以下方式操作。

(1) 依据封闭测试场地交通信号灯布置实际情况,安排测试路线。

(2) 依据自动驾驶车辆的行驶速度与行驶位置,动态操控交通信号灯的切换时间。

(3) 自动驾驶车辆依据测试路线按照交通信号灯信号行。

(4) 需完成交通信号灯红绿两种通行状态的行驶测试。

交通指挥手势认知与交通法规遵守能力评估按照以下方式操作。

(1) 在封闭测试场地交叉路口,设置道路交通指挥人员安排测试路线。

(2) 依据自动驾驶车辆的行驶速度与行驶位置,道路交通指挥人员动态做出交通指挥手势。

(3) 自动驾驶车辆依据路交通指挥人员交通指挥手势行。

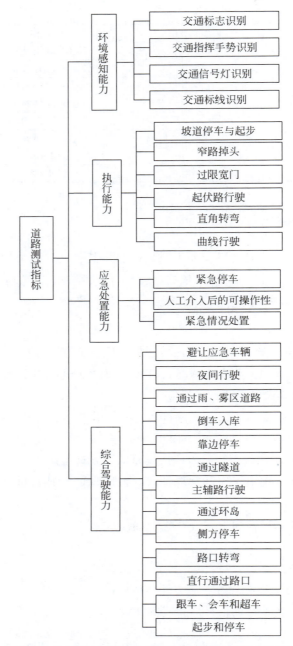

■ 图 4.3 自动驾驶车辆智能水平道路测试评价体系

2. 执行能力

(1) 曲线行驶:自动驾驶车辆在规定时间内从弯道的一端驶入,从另一端驶出。行驶中转向,速度平稳,一次性通过,中途不得停车,车轮不得碰轧车道线、隔离设施。

(2) 直角转弯:自动驾驶车辆在规定时间内从左向右或从右向左通过直角转弯道路,一次通过,中途不得停车,车轮不得碰轧车道线、隔离设施,转弯前应开启转向灯,完成转弯后,关闭转向灯。

(3) 起伏路行驶:自动驾驶测试车辆行驶至起伏路前减速,缓慢通过起伏路,中途不得停车,车辆不得出现明显跳跃。

(4) 过限宽门:自动驾驶测试车辆以不低于10km/h的速度从限宽门之间穿越,且不得碰擦限宽设施。

(5) 窄路掉头:自动驾驶车辆行驶至掉头路段靠右停车,不超过三进一退,在规定时间内将车辆掉头。

(6) 坡道停车和起步:自动驾驶车辆在坡道上准确停车(不驻车),平稳起步,车辆不得后溜。

3. 应急处置能力

(1) 紧急情况处置:自动驾驶车辆遇到故障或无法处理的场景,应通知驾驶员进行接管。同时自动驾驶车辆应自动或借助测试驾驶员介入合理减速,正确判断周围环境,将车平稳停在应急车道或安全区内,并开启危险报警闪光灯。

(2) 人工介入后的可操作性:自动驾驶车辆在自动驾驶状态下,测试驾驶员在规定时间内按照评估人员的指令,接管车辆并操作车辆。

(3) 紧急停车:自动驾驶车辆在自动驾驶状态下,车辆速度不超过40km/h时,测试驾驶员按照评估人员的指令,接管车辆并实现停车。

4. 综合驾驶能力

(1) 起步、停车:自动驾驶车辆自动或借助测试驾驶员介入检查车辆状态,将挡位换到行进挡,开启转向灯。自动驾驶车辆在无测试驾驶员介入下平稳起步、无后溜,不熄火。自动驾驶车辆在行驶过程中遇到前车拥堵缓行停车时,自动降低速度并停车(不驻车)。

(2) 跟车、会车、超车:跟车时自动驾驶车辆根据所在车道、路况和前车车速,合理加减速,速度变化及时、平顺。会车时自动驾驶车辆正确判断会车地点,会车有危险时,控制车速,提前避让,调整会车地点,会车时与对方车辆保持安全间距[6]。自动驾驶车辆超车前,保持与被超越车辆的安全跟车距离。依据左侧交通状况,开启左转向灯,选择合理时机,鸣喇叭或交替使用远近光灯,从被超越车辆的左侧超越。超车时,依据被超越车辆的动态,保持横向安全距离。超越后,在不影响超越车辆正常行驶的情况下,开启右转向灯,逐渐驶回原车道,关闭转向灯。

(3) 直行通过路口:自动驾驶车辆依据所通行路口交通情况,减速或停车,采取正确的操作方法,安全通过路口。

(4) 路口转弯:自动驾驶车辆依据所通行路口交通状况,减速或停车,根据行驶方向选择相关车道、正确使用转向灯,根据不同路口采取正确的操作方法,安全通过路口。T4级及以上,需测试异性复杂路口。

(5) 侧方停车:自动驾驶车辆在库前方一次倒车入库,中途不得停车,车轮不触轧车道边线,车道不触碰库位边线,出库后关闭转向灯。

(6) 通过环岛:自动驾驶车辆按照环岛道路曲线安全驶入和驶出环岛。

(7) 主辅路行驶:自动驾驶车辆依据主辅路交通情况,自动减速或停车,正确使用转向灯完成主辅路变更。

（8）通过隧道：自动驾驶车辆行驶至隧道前，依据隧道处道路交通标志，按标志要求操作。驶抵隧道时先减速，开启前大灯，鸣喇叭，驶抵隧道出口，鸣喇叭，关闭前大灯。禁止鸣喇叭的区域不得鸣喇叭。

（9）靠边停车：自动驾驶车辆开启右转向灯，依据后方和右侧交通情况，减速，向右转向靠边，平稳停车。关闭转向灯，自动或借助测试驾驶员介入熄火与启动驻车制动器。停车后，车身距离道路右侧边缘线或人行道边缘 30cm 以内。

（10）倒车入库：评估过程中，自动驾驶车辆进退途中不得停车。从道路一端控制线倒入车库停车，再前进出库向另一端驶过控制线后倒入车库停车，最后前进驶出车库。

（11）通过雨区、雾、雪区道路：自动驾驶车辆感知周边环境，视雨量情况，或减速或保持车速，并开启前照灯、危险报警闪光灯，安全通行。需测试交通信号灯路口。

通过雾区道路时，自动驾驶车辆视水平能见度情况，或减速或保持车速，并开启雾灯、示廓灯、前照灯、危险报警闪光灯，安全通行。需测试交通信号灯路口。

（12）夜间行驶：自动驾驶车辆起步前开启前照灯。行驶中正确使用灯光。无照明，照明不良的道路使用远光灯；照明良好的道路、会车、路口转弯、近距离跟车等情况，使用近光灯。超车，通过急弯、坡路、拱桥、人行横道或没有交通信号灯控制路口时，应交替使用远近光灯示意。

（13）避让应急车辆：自动驾驶车辆感知周边环境，依据应急车辆所在位置和车道，做出避让动作，保证应急车辆快速通过。

4.2.4　体感评价指标

在自动驾驶过程中，乘客是重要的一部分，乘客的舒适度同样是评价自动驾驶水平重要的指标，因此在自动驾驶评价体系中应当建立体感指标的评价体系，如图 4.4 所示。在车辆行驶过程中，影响乘客舒适度的因素主要包括纵向加速度，纵向加速度的变化率，横摆角速度，横摆角速度的变化率，曲率以及曲率变化率等。

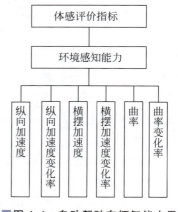

■ 图 4.4　自动驾驶车辆智能水平体感指标评价体系

4.2.5　国内外道路测试场

随着智能网联汽车的发展，无论仿真实验情景多么复杂，也无法代替真实的路测。作为评价和检验汽车质量和性能的测试场，也需要成为发展的重点。智能网联汽车测试场不同于传统汽车测试场，智能网联汽车需要在专属的场地测试，应当具备丰富的场景，完善的测试功能以及通行能力，试验做到保密，测试数据可靠等，测试重点是考核车辆对交通环境的感知和应变能力[7]。

美国、欧盟、日本等汽车工业发达的国家和地区都纷纷开展智能网联汽车测试示范区建设，包括美国的 M-City、瑞典 AstaZero、英国 Mira City Circuit、西班牙 IDIADA 升级建造的测试场、日本 JARI 改造建设的测试场等。

美国密歇根大学和密歇根州交通部共同出资建设的 M-City 是世界上第一个专为测试无人驾驶汽车、V2V/V2I 车联网技术建造的智能网联车测试场，主要用于模拟城市近郊的低速试验和高速公路环境的高速试验。

另外，美国 ACM（American Center for Mobility）测试场是位于密歇根州安娜堡地区的大型综合测试场。ACM 占地约 500 英亩（202 公顷），拥有 700 英尺环形隧道和 2.5 英里双车道高速路段，满足限速 50~60 英里/小时测试需求。此外，ACM 场景设置包括城市道路、6×6 车道十字路口、环岛、自定义区域等典型场景，覆盖 NHTSA 发布的 37 类预碰撞场景中的 99%。目前，ACM 的主要合作伙伴包括主要合作伙伴为密歇根大学、密歇根交通局、丰田、福特、ATT、西门子、微软等单位。

瑞典 AstaZera 是欧洲现有最大的智能车测试场，测试内容涵盖较全，包括车辆动力学测试、驾驶员行为测试、V2V/V2I 测试、通信技术测试等。AstaZera 测试场综合能力十分强大，特别针对 ADAS 场景模拟测试具有显著优势。

国内针对智能网联汽车测试场的建设仍处于摸索阶段，目前主要集中在北京、上海、重庆等地。

国家智能网联汽车（上海）试点示范区封闭测试区一期于 2016 年投入运营，该示范区，分 4 个阶段展开建设。第一阶段是封闭测试和体验区，以服务智能汽车、V2X 网联通信两大类关键技术的测试及演示为目标；第二阶段开放道路测试区基本建成智能网联汽车测试所需环境，成为国家首个功能完备的智能网联汽车试点示范区。第三阶段增加高速公路测试场景，基本建成智能网联汽车区域性测试示范公共服务平台。第四阶段逐步形成系统性评价体系和综合性示范平台，打造出智能网联汽车综合性典型城市的示范区，并探索连接与虹桥枢纽的共享交通走廊[8]。

京冀智能汽车与智慧交通产业创新示范区封闭实验场地截至 2020 年底可包含 100 种以上城市道路元素，并完成长达 200km 的开放/半开放市政道路基础实施改造，覆盖 300 种以上。以实现 1000 辆全自动驾驶汽车在开放道路、半开放道路和封闭道路的多种复杂场景下应用示范。

重庆智能汽车与智慧交通应用示范区逐步开展由试验场地封闭环境到城市交通开放环境的一系列实验，具体包括智能驾驶、智能路网、绿色用车、防盗追踪、便捷停车、资源共享、大范围交通诱导和交通状态智慧管理等八大领域，第一期"智能汽车集成系统试验区（i-VISTA）"建成并开始启用。

深圳无人驾驶示范区将引进 M-CITY 项目进入中国（深圳）落地，M-CITY 项目是全球首个无人驾驶汽车测试区，是美国密歇根大学 MTC 中心的下属项目，包括了美国交通运输部、福特、通用、本田，已进行阿尔法巴路测日产等在内的政府机构和企业参与了该项目的建设。

4.3 自动驾驶测试体系

百度自动驾驶测试体系可以分为"实验室阶段测试""车辆在环测试""道路在环测试"三大部分。其中"道路在环测试"分为"封闭测试场测试"和"开放道路测试"两大部分。自动驾驶车辆在进行开放道路测试之前,需要经过实验室阶段测试,车辆在环测试和封闭测试场测试三阶段测试,通过之后才能进入实际开放道路进行测试。自动驾驶测试与评价体系整体框架如图4.5所示。

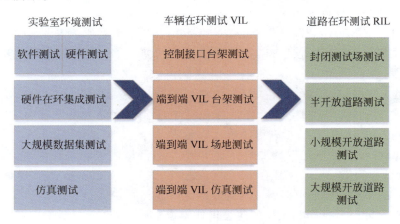

图4.5　自动驾驶测试体系整体框架图

4.3.1　实验室测试阶段

实验室阶段测试目的是在离线情况下完成对自动驾驶系统的测试,包括模型的训练评估、各软件模块的测试、仿真测试、集成测试、硬件测试、硬件在环测试等。实验室阶段测试的特点是利用计算机在实验室环境下进行低成本快速大量的测试分析,检验软件和硬件系统的功能情况、可靠性、资源占用情况等,从而为后续车辆在环测试和道路在环测试节省成本和时间,提高测试质量和效率。实验室阶段测试主要包括大规模数据集(MIL)测试、软件在环(SIL)测试、硬件测试和硬件在环(HIL)测试。

1. 大规模数据集测试

大规模数据集测试主要针对高精度定位、环境感知、规划预测和自动驾驶控制的核心算法。在实验室测试阶段评估算法的核心能力,并通过评估每种算法的各种指标来反映自动驾驶能力水平。同时,通过评估结果中的问题项,及时发现并修复算法缺陷和漏洞,从而有效降低发现问题的成本。

大规模数据集测试的评估结果很大程度上取决于评估数据的分布,因此需要评估数据的分类和数据丰富度的规划。在评估数据内容设置完成之后,可以根据计划设置执行数据收集。评估数据可以通过日常驾驶数据或特殊场景的数据收集获得,或者可以通过模拟收集。需要处理收集的数据以形成评估数据。在评估数据集上评估模型或模块,并输出评估指标。

2. 软件在环测试(SIL)

在自动驾驶阶段,不仅仅是控制系统,还涉及更多的软件系统,例如感知系统、定位系统、决策规划系统、高精地图系统等,每一个模块都需进行在环测试。传统软件在环工具无法解决这个问题,因此在自动驾驶阶段,软件在环的关键工具是一个离线仿真系统,可以同时离线访问每个模块并实时生成车辆状态反馈。

软件在环测试是利用计算机和各种系统工具,针对自动驾驶系统软件进行的测试。其目的是测试自动驾驶系统软件运行状况、模块功能、集成情况、资源占用等,并对各种场景进行仿真测试。软件在环测试是后续测试阶段的先决条件。通过软件在环测试,可以加快软件迭代,在前期能够快速发现问题解决问题,从而节省研发时间和成本,提高开发效率。

3. 硬件测试

硬件系统是自动驾驶系统的基础。所有自动驾驶功能都依赖于硬件的正常工作才能实现。自动驾驶技术中的硬件主要包括车载计算平台和各种车载传感器,其中车载计算平台为自动驾驶系统提供强大的传感器接入能力以及强大计算能力,车载传感器为自动驾驶系统提供丰富的定位和环境感知能力,为自动驾驶汽车的安全行驶提供及时、准确、可靠的决策依据。自动驾驶车辆硬件通常包括组合惯导系统、激光雷达、毫米波雷达、超声波雷达、各类摄像头等。

为了实现自动驾驶功能,一方面,自动驾驶硬件系统需要提供强大的传感器感知能力、强大的计算能力和灵活的车辆控制能力;另一方面,还需要自动驾驶硬件系统能与整个车辆系统进行紧密配合,从而实现自动驾驶和车辆控制功能的高效工作,最终达到智能驾驶的目的。这就对自动驾驶硬件研发阶段、集成阶段和量产阶段的硬件系统质量都提出了很高的要求。

自动驾驶硬件研发阶段,需要对硬件系统组件分别进行驱动测试、电气测试和可靠性测试。驱动测试的目的是验证硬件的功能是否满足设计要求;电气测试的目的是验证硬件的电气特性是否满足设计要求;可靠性测试的目的是验证硬件的可靠性,包括硬件的环境适应性、机械可靠性和电磁兼容性。

4. 硬件在环集成测试(HIL)

硬件在环集成测试技术(HIL)是自动驾驶车集成测试阶段一项重要测试技术。它介于模块测试和真实道路测试之间,在自动驾驶车测试链条当中起到承前启后的重要作用。硬件在环集成测试在试验室搭建出一个半实物仿真的测试平台,搭建尽量接近真实道路的行车环境。相比于软件仿真器测试平台,硬件在环测试技术能在自动驾驶车系统集成的角度,实现前端传感器的硬仿真介入。在实现前端可控传感器仿真的基础上,HIL测试能够测试覆盖到自动驾驶车系统中的多个主要模块,包含预处理、感知、定位、决策控制等部分。以数据驱动方式组织的集成链条测试,可以真正打通端到端的自动驾驶车离线测试能力。以真实道路测试记录的数据为基础,通过 HIL 测试技术还原场景,将被测系统放置于接近真实物理世界的测试环境中去,实现了虚拟场景仿真到全传感器仿真场景的突破。

HIL 测试技术通过现场可编程门阵列(FPGA)实现无人车系统多种传感器的仿真,包括激光雷达、毫米波雷达、摄像头、GNSS 等。通过自动驾驶车系统最前端的数据仿真,以数据驱动的方式构建出一个测试环境,使用最原始、最接近真实行车环境的仿真数据面对无人车系统整体。以数据驱动的方式构建出集成链条测试,根据功能安全 ISO 26262 的核心思想,覆盖无人车系统功能、接口、性能资源、异常注入等多项测试内容。

4.3.2 车辆在环测试

车辆在环测试(VIL)基于半实物仿真技术思想,是真实车辆和虚拟仿真的联合测试系统。例如可以实现在一个封闭场地内实现任意开放道路的集成测试,实现大部分的真实测试需求,并能对 2D、3D 感知环境进行精确仿真控制。VIL 在封闭场地内最大限度还原开放道路的场景,降低了实际道路测试风险性,降低测试的成本和时间。具体来说,VIL 测试具有如下特点:

(1) 实现快速的场景及驾驶测试;
(2) 高效地验证各控制器的功能;
(3) 降低实车测试的难度和风险;
(4) 减少交通事故和风险;
(5) 减少对场地、真实交通和试验车辆的需求。

1. VIL-行驶能力测试

VIL 测试完全还原开放道路的场景,可以做出开放道路不敢尝试的极限危险动作,实现场景的迁移。VIL 测试将空场地充分利用,在此空场地内载入不同的地图,将远程地图进行本地化测试,同时可以在前期测试地图的完好性,保障后期道路测试的安全。抽取地图上的典型场景后,将这些典型场景编号,自由排列后完成自动化测试,同时可以进行无人车长时间性能和耐久测试,测试过程中还能够实现场景的迅速转换和测试的快速介入,因此在前期测试就能积累大量的经验,模拟各种极端场景,在测试中探索车辆的行驶能力边界。

2. 台架测试

自动驾驶车辆集成测试过程中,实验室离线环境并不能完美还原无人车真车状况,如何才能在室内环境安全便捷地进行动态测试,满足测试需求便成为亟待解决的问题。为了解决这个问题,结合汽车行业经验,目前通过设计使用举升机结构,在室内实验室环境安全简便地实现无人车动态测试。台架测试是基于半实物仿真的思路,在外部环境难以还原或者还原成本太高的情况下,对能够仿真的部分进行仿真测试,其余则使用真实环境进行测试。

配合使用专用的 CAN 总线设备,实现无人车车载网络测试、无人车横向控制精度测试、无人车纵向控制精度测试、无人车耐久测试等相关项目。并设计制作基于嵌入式的便携接入设备,测试用例自动化调用执行。

3. 端到端性能资源测试

自动驾驶系统测试中,系统整体运行过程中的资源消耗情况和系统整体端到端耗时统计是集成封闭场地测试当中需要重点关注的项目。在集成测试过程中,通过监控系统各部分资源消耗和统计各个算法模块的计算耗时及过程传输间的耗时,可以做出无人车整体的性能资源测试分析。

具体的自动驾驶车辆资源消耗和性能耗时测试项目如表 4.4 所示。

表 4.4　端到端性能资源测试

测试项目	测试内容
性能资源测试	端到端(ms)
	Lidar_preprocess(ms)
	Preception(ms)
	Prediction(ms)
	Planning(ms)
	Control(ms)
	总传输时延(ms)
	Preprocess->Perception(ms)
	Preception->Prediction(ms)
	Prediction->Planning(ms)
	Planning->Control(ms)
	CPU(%)计算
	CPU(%)控制
	MEM(%)计算
	MEM(%)控制

4.3.3 道路在环测试

道路在环测试是对自动驾驶车辆在实际道路上行驶情况进行测试分析,考察自动驾驶车辆在各种道路场景和障碍物下的感知、决策、控制能力和应对措施。道路在环测试是自动驾驶测试体系不可或缺的环节。任何自动驾驶测试工作都要经过道路在环测试的验证。具体来说,道路在环测试包括封闭测试场测试、开环测试、半开放道路测试和开放道路测试。

1. 封闭测试场测试

自动驾驶车辆在上路之前需首先在封闭测试场完成各种场景测试。封闭测试场测试的目的在于检测自动驾驶车辆的基本功能和软硬件系统运行情况,并进行简单基础场景的测试如直行、转向、红绿灯识别等。封闭测试场测试可以及早发现自动驾驶系统和车辆基本功能等方面的问题,避免进入开放道路测试出现事故,从而降低风险,同时节省时间和成本。

2. 开环测试

开环测试是在人工驾驶的状态下,对系统进行测试的方法。开环测试可以在开放道路上进行,因为有人工驾驶的参与可以同时最大限度地保证测试安全。除车辆控制模块无法充分验证外,对感知、定位、路径规划、地图等功能都可以很好地进行测试。

3. 半开放道路测试

在进入开放道路测试之前,自动驾驶车辆还需要在半开放道路上进行测试。所谓半开放道路是指有可控的规模有限的社会车辆和行人通过的道路。一般选取车速较低、交通密度较低的园区作为半开放道路,其中有社会车辆和行人通过但流量可控,相比实际开放道路场景要简单。部分半开放道路包括工业园区、有一定规模的驾校、区域测试场等。

4. 开放道路测试

开放道路是指社会车辆和行人通行的道路,场景随机多变,交通状况复杂。开放道路测试是道路在环测试的最终环节，也是自动驾驶车辆完成测试经过的必要环节。开放道路测试可以更加全面真实地测试自动驾驶车辆在各种复杂场景状况下的运行状况以及对于危机情况的化解，对车辆的运行、系统工作情况、各模块功能、体感等各维度进行综合测试。

参考文献

[1] 智能网联汽车道路测试管理规范（试行）.[2018]. http://www.ebrun.com.
[2] 北京市自动驾驶车辆封闭测试场地技术要求（试行）2017.
[3] 自动驾驶测试评价体系白皮书[M].2018.
[4] 熊光利,等.无人驾驶车辆智能行为及其测试与评价[M].北京：北京理工大学出版社,2015.
[5] 北京市自动驾驶车辆道路测试能力评估内容与方法.2017.
[6] 博文.智能网联汽车上路安全第一[N].中国消费者报,2018-04.
[7] 左任婧,陈君毅.国内外智能网联汽车试验场的发展现状[J].北京汽车,2017-01.
[8] 宋杰.国家首个无人驾驶汽车测试基地正式开园,中国未来智能汽车"摇篮"选址上海嘉定[J].中国经济周刊,2016-06.

第5章 自动驾驶应用——自动驾驶小车

5.1 自动驾驶小车概述

从20世纪70年代开始,发达国家就开始了智能车的相关研究。其中,美国在无人驾驶领域上的研究应该属于世界上最早的一批国家,其于20世纪80年代研发了一种能够在校园内自动驾驶的智能车[1]。由于智能车涉及众多学科领域,所以在短期内实现完全无人控制的智能车具有很大难度。经过大量研究后,从20世纪80年代开始,汽车驾驶辅助技术逐渐应用到整车系统中。

出于安全、高效、可操纵性方面的考虑,大多数无人驾驶车辆的初期研究都基于自动驾驶小车。自动驾驶小车是一个快速运转,可以自主运动、重复运动的自动化设备,对于汽车行业的工艺技术和智能化发展起着一定的导向作用。自动驾驶小车可视作自动驾驶智能车辆的微缩模型,近年来也得到了学术界的广泛关注和研究。自动驾驶小车相关技术的研究包含内容十分广泛,例如,通过获取传感器的环境感知信息,实时进行规划以及决策,执行各项决策指令,实现按照预定路径行驶,主动规避行驶区域内的障碍物等。现代传感器技术、芯片计算能力、控制技术的迅速发展改善了自动驾驶小车的实时响应。计算机、网络通信、机器视觉、雷达、定位等技术的发展使得小车更加智能化[2]。

自动驾驶车辆的研究最早开始于20世纪50年代。总体而言,智能小车的发展经历了三个阶段。

第一阶段:1954年,美国研究出第一台自主引导车,该车是一个在固定线路上运行的拖车。最初研究智能车辆的目的是提高仓库内货物搬运效率,实现自动化。

第二阶段:20世纪80年代,随着智能车辆应用领域的扩大,许多国家开始了智能车辆的研制工作。美国于1995年成立了NAHSC(国家高速公路系统联盟),规划发展智能车辆技术。国内对智能车辆的研究工作也始于该时期。国防科技大学研制出国内首台智能车,该车不仅包括视觉传感器系统、定位定向系统,还配备有路径规划、自动驾驶、运动控制等系统。中科院自动化研究所将地下埋线式导航技术在AGVS(自动引导车辆)上进行研究,实现了车辆运行的自动化。

第三阶段:进入21世纪,国内外各种研究性和教学性的智能小车遍地开花,有基于单片机的巡线小车,基于微型计算机和摄像头的视觉识别小车,也有基于人工智能开发板和更多传感器的智能小车。

自动驾驶小车涵盖的研究领域涉及计算机科学、人工智能、信号处理、模式识别、控制科学、机械工程等,高效算法的产生为智能车辆的发展奠定了坚实的基础,另外学科交叉互融也在很大程度上促进了自动驾驶小车的发展[3]。

5.1.1 小车结构介绍

自动驾驶小车的设计目标是将车载传感器、控制结构、决策机构以及通信模块等功能结合起来。自动驾驶小车的性能表现很大程度上由小车系统平台的内部结构决定,因此,小车结构的设计至关重要。

由于小车平台研究的最终目的是仿照驾驶员驾驶车辆行驶的过程,所以小车的平台应模拟驾驶员的驾驶车辆,具体包括三个部分:感知系统、规划决策系统和执行系统。如图5.1~5.3所示,在当前的学术研究中智能车辆的体系结构主要有三种:分级结构、反馈结构和决策执行结构。

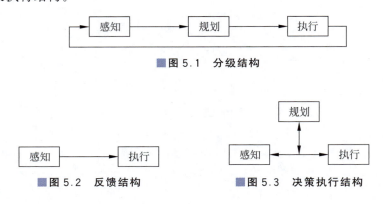

■图5.1 分级结构

■图5.2 反馈结构　　　■图5.3 决策执行结构

早期的智能小车大多数采取分级结构。作为最原始的结构,小车系统按照流程执行环境感知、决策规划以及动作执行,往复循环。这种体系结构的缺点在于冗余结构过多,当周围环境感知信息过多,计算量较大时,易出现工作停滞延迟等现象,因此这种体系结构在之后的研究中渐渐地被摒弃或改善。

20世纪90年代,反馈结构在智能小车中得到了较广泛的应用。通过关联感知模块与执行模块,可以减少算法的复杂度,大大提高了智能小车的反应时间。然而,在这种结构中缺少规划环节,会导致智能小车无法达到最优决策。

随着人工智能的快速发展,20世纪90年代后,决策执行机构快速发展并得到广泛应用。该结构相对复杂,采用异步处理技术,可以使小车反复自主执行。随着通信网络的发展,智能小车的研究又与车联网通信相结合,通过智能道路系统和云计算等大大提升了智能小车的系统性能。

为了提高大学生的动手能力、创新能力和团队协作能力,教育部从2005年牵头举办全

第 5 章 自动驾驶应用——自动驾驶小车

国大学生飞思卡尔智能汽车竞赛。该竞赛一年一届,以促进智能汽车的研究为目的,涵盖了机械、电气、计算机以及控制等学科知识,在提高学生创新实践能力的同时,也推动了国内智能汽车的研究。图 5.4 所示为飞思卡尔杯智能汽车竞赛。

■图 5.4　全国飞思卡尔杯智能汽车竞赛

5.2　自动驾驶小车软硬件

5.2.1　自动驾驶小车系统架构

汽车底盘由 4 大系统组成:转向系统、动力传动系统、制动系统和行驶系统,如图 5.5 所示。自动驾驶小车是仿真赛车的模型车,与真实汽车一样,底盘具备 4 大系统,只是在具体结构上略有差异。本节将参照汽车的结构讲解智能车的各机械系统。

以图 5.6 为例,该智能车车模车架长为 25cm,宽为 17.5cm。底盘采用具有较强的弹性和刚性纤维材料制作,厚度为 2.5mm,全车采用滚珠轴承。前后轮轮轴高度可以调节。

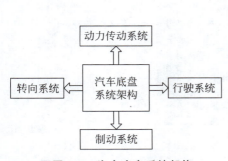

■图 5.5　汽车底盘系统架构

■图 5.6　自动驾驶小车示意图

图 5.7 展示了自动驾驶小车的整体系统架构。自动驾驶小车在行驶过程中，通过位置传感器、速度传感器、加速度传感器、视觉传感器等多种设备感知小车周围的环境信息以及小车自身的系统状态信息，并对多传感器数据进行分析处理、融合，动态调整小车的运动状态，实现在一定条件下的自主行驶。自动驾驶小车作为一个系统整体，主要由以下软硬件构成[4]。

（1）滚轮式小车：滚轮式小车是自动驾驶小车机械结构的主要部分，由车身、底盘、车轮等结构部件组成。

（2）信息采集模块：信息采集模块作为自动驾驶小车获取外界的窗口，直接决定了自动驾驶小车对外界环境信息的应答。安装在自动驾驶小车的传感器实时将自动驾驶小车的状态信息以及外部环境信息发送给决策系统，并由决策系统决定自动驾驶小车的动作指令。

（3）主控制系统：自动驾驶小车的主控制系统相当于驾驶员的大脑，通常就是一台计算机。在自动驾驶小车行驶过程中，对传感器不断发来的感知信息进行计算，合理规划小车行为动作，并将决策指令发送给控制器。

（4）扩展接口：主控制系统为了便于日后调试，会在设计过程中预留一些可扩展接口。

（5）运动执行模块：自动驾驶小车运动执行模块实现对方向以及速度的驱动，通过接收上位机输出信号来完成执行。

（6）通信模块：自动驾驶小车借助通信模块实现信息向外界传输。

（7）交互接口：自动驾驶小车的速度、运行状态、外界感知等信息经信息采集模块采集后通过交互接口显示出来。

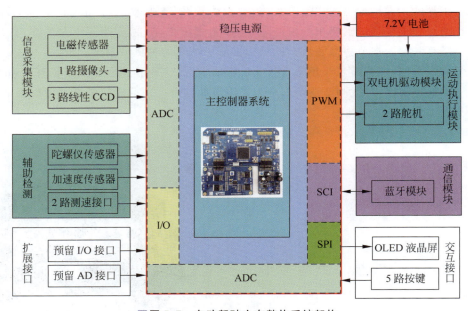

■ 图 5.7 自动驾驶小车整体系统架构

5.2.2 自动驾驶小车硬件结构

自动驾驶小车的硬件系统是决定小车是否安全可靠的重要因素。以智能车大赛官方指定用车为例,自动驾驶小车的内部硬件系统主要包括感知模块、车速检测模块、电源管理模块、核心控制模块、电机控制模块、舵机控制模块。图5.8为自动驾驶小车构造图。

■图5.8 自动驾驶小车构造图

5.2.3 自动驾驶小车核心控制模块

核心控制模块(MCU)是自动驾驶小车核心的最小系统,目前有多种核心控制模块,本书以飞思卡尔 MK60N512 芯片为例[5],如图5.9所示。MCU控制模块作为整个自动驾驶小车的核心,通过接收到传感器传来的信息对小车进行合理的控制,并向其他功能模块发送指令,核心板和核心板元件布置图分别如图5.10和图5.11所示。

■图5.9 自动驾驶小车模块连接图

K60系列微处理器配有 IEEE 1558 以太网、USB 2.0 高速充电探测模块,支持硬件加密,并配有模拟通道、定时/计数器、串行通信模块等丰富的片内外设,具有多种封装形式和各种容量的闪存选择。

MK60N512VMD100 芯片有100多个通用的 I/O 引脚,每个引脚都具有多种功能。芯片引脚如图5.12所示。

■ 图 5.10 自动驾驶小车核心板

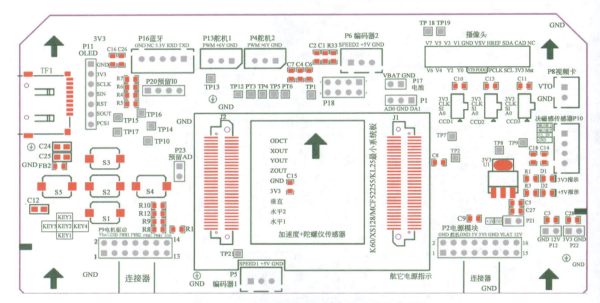

■ 图 5.11 自动驾驶小车核心板元件布置图

5.2.4 时钟电路模块

智能小车的时钟电路模块包括芯片主晶振和实时时钟两个部分,其中主晶振主要产生芯片和其他外接设备正常工作所需要的工作时钟,而实时时钟(RTC)主要为系统上电或关闭提供时钟源,如图 5.13 所示。

除此之外,MK60 芯片稳定工作的基础还需要复位电路,其复位是通过 RESET 复位引脚实现的。通过按动 RESET 功能键即可实现上电复位,电路图如图 5.14 所示。

MK60 程序下载与调试功能是通过 JTAG 接口实现的。与其他 CPU 的 JTAG 接口一样,MK60 需要 TMS、TCK、TDO、TDI 基本引脚,具体电路如图 5.15 所示。

第5章 自动驾驶应用——自动驾驶小车

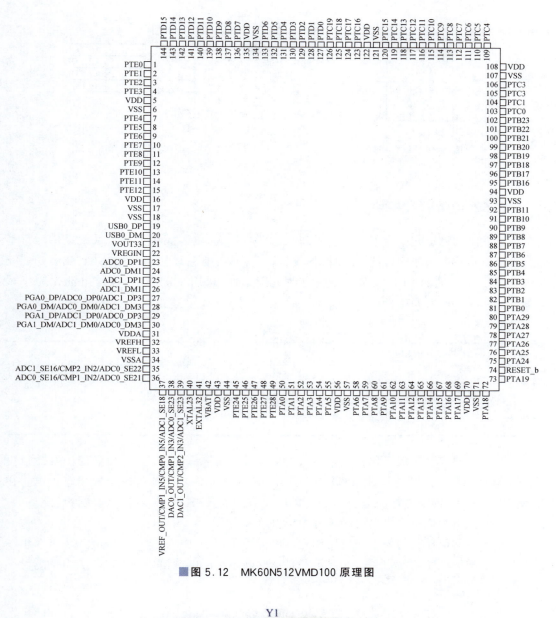

图 5.12 MK60N512VMD100 原理图

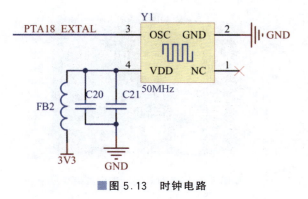

图 5.13 时钟电路

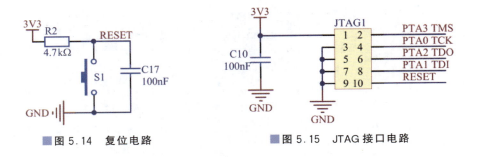

■图5.14 复位电路　　　　　　　■图5.15 JTAG接口电路

5.2.5 电源管理模块

整个系统的稳定在很大程度上会受到电源模块影响,电源模块为整个系统提供运行基础。为了追求小车的速度性能,需要选择重量轻、容量大的镍氢电池。表5.1列出各功能模块的电压,综合各部件用电需求及镍氢电池电压特性,选用+7.2V的镍氢电池作为小车电源。

表5.1　小车各功能模块电压

功能模块	电压值
系统板	+3.3V
舵机	+6.2V
摄像头	+5V
蓝牙串口	+3.3V

镍氢电池的容量一般要比镍镉电池大30%,而且比镍镉电池更轻,相对使用寿命也更长,并且对环境没有污染,因此,该款小车选用+7.2V的镍氢电池为整个智能车供电。在实际使用过程中,镍氢电池的电压不是一个常数,它是随着其所存储电量的减少而降低的,所以在以电池组为能量源供电时必须有稳压电路。

小车上的其他模块需要不同电压作为供电。为了保证小车行驶的稳定性,系统在小车电源模块上增加稳压功能,图5.16展示了自动驾驶小车的电源模块,图5.17为自动驾驶小车电源模块原理图。

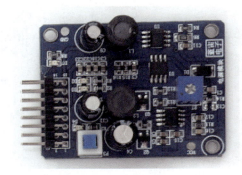

■图5.16 自动驾驶小车电源模块

第5章 自动驾驶应用——自动驾驶小车

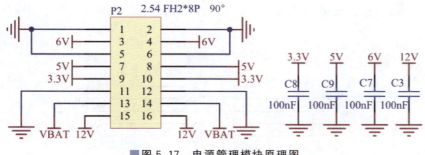

图 5.17 电源管理模块原理图

5.2.6 速度采集模块

智能小车通过调整 PWM 脉冲宽度调制的方式来对智能小车进行速度控制。为了更好地控制智能小车行驶,实时获取小车速度,采用光电编码器(见图 5.18 和图 5.19 所示)连接到差速器,差速器的速度与车轮转速成正比,计算单元通过计算单位时间内光电编码的脉冲个数,从而获得智能车的轮速。

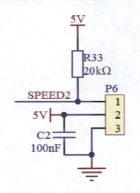

图 5.18 编码器电路图

图 5.19 编码器示意图

除编码器外,加速度计同样可以用来采集轮速,随着时间的变化加速度计利用积分计算采集小车车速。然而加速度计是一种极易受到外部干扰的传感器,测量值随时间的变化相对较小;而陀螺仪可以积分得到角度关系,动态性能好,受外部干扰小,但其测量值随时间变化比较大。因此,这两种传感器的优缺点可以互补,结合起来产生更好的效果,如图 5.20 所示。

图 5.20 加速度计、陀螺仪示意图

5.2.7 电机驱动模块

电机驱动模块是连接单片机、电池和电机的模块,如图 5.21 所示。电机驱动模块能够由单片机来控制驱动电机的输出电流,从而控制电机驱动力。电机驱动模块能够满足驱动电机正转、反转、能耗制动等功能要求。模块能够提供的电流必须大于电机的最大电流,这样才能发挥电机的驱动力。

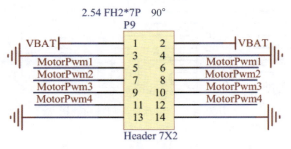

图 5.21 电机驱动电路原理图

图 5.22 所示为双电机驱动模块。

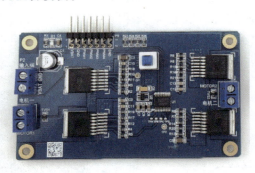

图 5.22 双电机驱动模块

电机的控制目的是给予车辆动力,驱动车辆纵向位移。当车辆处于爬坡状态时,电机控制器应增加油门输出值,提供应有的动力保证车辆稳定上行;当车辆处于下坡状态时,电机控制器应减小电机转速输出值,从而保证车辆稳定下行。图 5.23 所示为自动驾驶小车后桥结构图,电机的动力输出通过半轴传递给车轮,从而实现小车运动。

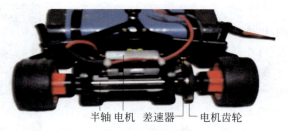

图 5.23 自动驾驶小车后桥结构图

5.2.8 自动驾驶小车通信模块

智能小车控制器设有两个串行通信接口,用于与串行外设进行通信。串行接口有两种工作模式:标准模式和非标准模式。标准模式下,接口与标准 RS232 外设通信;非标准模式下,接口电压为±5V。两种模式通过一组跳线来选择设置。

标准的串行接口电路采用支持 RS232 标准的驱动芯片 MAX232 进行串行通信。MAX232 芯片功耗低、集成度高、+5V 供电,具有两个接收和发射通道。

智能小车控制器的串行通信接口电路,如图 5.24 所示。

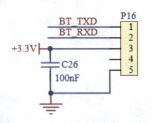

图 5.24 串行接口电路图

5.3 自动驾驶小车感知配置

感知配置是自动驾驶小车与外界环境交流的唯一窗口,通过感知配置来实现小车对周围环境的感知与判断。感知系统的输入设备具体包括光学摄像头、光学雷达、微波雷达、导航系统等。这些传感器收集周围的信息,为感知系统提供全面的环境数据。根据国内外主流无人驾驶技术的发展趋势[6],当前自动驾驶小车的感知配置方案具体分为以下三类。

5.3.1 超声波

以超声波为主导的感知配置方案,如图 5.25 所示:超声波传感器通过镜片发射出声波,当遇到障碍物时返回,随后感知系统计算声波的飞行时间,分辨出障碍物的宽高、横纵向距离、速度等信息。基于获得的障碍物信息,小车决策系统会规划小车的行为并交由控制系统执行。

图 5.25 超声波检测

以超声波为主导的感知配置方案具有感知精度高、测量范围广、鲁棒性强、测距速度快等优点,因而得到了普遍应用。

5.3.2 视觉传感器

以视觉传感器(摄像头)为主导的感知配置方案,如图 5.26 所示。这种方案主要通过计算机视觉方式识别出结构化道路的车道线并进行实时的路径跟踪,进而实现车辆巡航。通过图像检测提取被控量的常规步骤主要有:图像信息采集、图像信息预处理、图像分割、跑道有效信息提取。由于摄像头可能会受到光线干扰导致检测效果下降,因此在光线较暗处通常选择红外摄像头或者补光摄像头来提高检测效果[7]。

(a) CCD 示意图　　　　(b) 双目补光摄像头

图 5.26　视觉传感器

这种以视觉传感器为主导的感知配置方案对感知算法要求高,信息处理设备要求高,测量精度易受天气影响,测量精度低于激光雷达测量精度。

5.3.3 电磁感应

10 毫米电磁感应装置如图 5.27 所示。由电磁学原理可知,通电导线周围的空间充满了交变的电磁场,如果在里面放置一个电感线圈,电磁感应会使线圈中产生交变的电流。在导线位置和导线中电流既定的条件下,线圈中感应电流(或者电压)是空间位置的函数。因此,电感线圈就可以作为传感器,用来感知预先埋置的导轨。

图 5.27　10 毫米电磁感应装置

5.4　自动驾驶小车控制算法

5.4.1　PID 控制算法简介

自动驾驶小车在其控制算法中应用了 PID 控制算法[8]。PID 控制算法是应用最为广泛的调节器,又称比例、积分、微分控制,或者称为 PID 调节。PID 控制器问世至今已有近 70 年历史,它以其结构简单、稳定性好、工作可靠、调整方便而成为工业控制的主要技术之一。当被控对象的结构和参数不能完全掌握,或得不到精确的数学模型时,控制理论的其他技术难以采用,系统控制器的结构和参数必须依靠经验和现场调试来确定,此时应用 PID 控制技术最为方便。即当人们不完全了解一个系统和被控对象,或不能通过有效的测量手段来获得系统参数时,最适合用 PID 控制技术。PID 控制,实际中也有 PI 和 PD 控制。PID 控制器就是根据系统的误差,利用比例、积分、微分计算出控制量从而实现控制目的[9]。

$$u(n) = K_P e(n) + K_I \sum_0^n e(k) + K_D(e(n) - e(n-1))$$

其中,

$$K_I = \frac{K_P T}{T_I}$$

$$K_D = \frac{K_P T_D}{T}$$

$u(n)$ 为第 k 个采样时刻的控制;
K_P 为比例放大系数;
K_I 为积分放大系数;
K_D 为微分放大系数;
T 为采样周期。

比例(P)控制:比例控制是一种最简单的控制方式。其控制器的输出与输入误差信号成比例关系。当仅有比例控制时系统输出存在稳态误差。

积分(I)控制:在积分控制中,控制器的输出与输入误差信号的积分成正比关系。对一个自动控制系统,如果在进入稳态后存在稳态误差,则称这个控制系统是有稳态误差的或简称有差系统(System with Steady-state Error)。为了消除稳态误差,在控制器中必须引入"积分项"。积分项对误差取决于时间的积分,随着时间的增加,积分项会增大。这样,即便误差很小,积分项也会随着时间的增加而加大,它推动控制器的输出增大使稳态误差进一步减小,直到等于零。因此,"比例+积分"(PI)控制器,可以使系统在进入稳态后无稳态误差。

微分(D)控制:在微分控制中,控制器的输出与输入误差信号的微分(即误差的变化率)成正比关系。自动控制系统在克服误差的调节过程中可能会出现振荡甚至失稳。原因是由于存在有较大惯性组件(环节)或有滞后(delay)组件,具有抑制误差的作用,其变化总是落后于误差的变化。解决的办法是使抑制误差的作用的变化"超前",即在误差接近零时,抑制误差的作用就应该是零。这就是说,在控制器中仅引入"比例"项往往是不够的,比例项的作用仅是放大误差的幅值,而目前需要增加的是"微分项",它能预测误差变化的趋势,这样,具有"比例+微分"的控制器,就能够提前使抑制误差的控制作用等于零,甚至为负值,从而避免被控量的严重超调。所以对有较大惯性或滞后的被控对象,"比例+微分"(PD)控制器能改善系统在调节过程中的动态特性。

图 5.28 所示为 PID 控制系统原理图。

PID 控制算法之所以被广泛使用,主要是 PID 控制算法可以根据被控对象的实际工况而选择不同的灵活组合,常见的控制方式有如下几种。

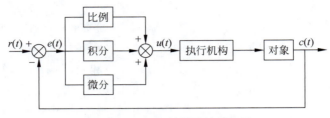

■图 5.28 PID 控制系统原理图

比例控制：

$$u(n) = u_P(n) + u_0$$

比例-微分控制：

$$u(n) = u_P(n) + u_D(n) + u_0$$

比例-积分控制：

$$u(n) = u_P(n) + u_I(n) + u_0$$

比例-积分-微分控制：

$$u(n) = u_P(n) + u_I(n) + u_D(n) + u_0$$

使用 PID 调节器的关键在于参数选定。整套 PID 调节器中需要调整 4 个参数，分别为比例增益 K_P，积分时间 T_I，微分时间 T_D 以及采样周期 T。一般 PID 参数的整定方法分为：简易的工程整定方法和试凑法。前一种通过实验得到相关数据后查表可以整定参数，后一种是根据 PID 调节器各个组成部分对于系统的定性影响逐步试凑来整定参数的。如果觉得参数整定困难，也可以使用归一化的 PID 控制算式，这样只需要整定一个参数即可，控制效果也能达到要求。

5.4.2 自动驾驶小车速度控制

自动驾驶小车的速度控制算法，其原理是通过控制小车的电机转速进而控制小车的实际速度。小车电机转速控制原理是脉冲宽度调制（PWM）。脉冲宽度调制是利用微处理器的数字输出来对模拟电路进行控制的一种非常有效的技术，广泛应用在从测量、通信到功率控制与变换的许多领域中。

脉冲宽度调制是一种模拟控制方式，其根据相应载荷的变化来调制晶体管基极或 MOS 管栅极的偏置，实现晶体管或 MOS 管导通时间的改变，从而实现开关稳压电源输出的改变。这种方式能使电源的输出电压在工作条件变化时保持恒定，是利用微处理器的数字信号对模拟电路进行控制的一种非常有效的技术。控制原理是对逆变电路开关器件的通断进行控制，使输出端得到一系列幅值相等的脉冲，用这些脉冲来代替正弦波或所需要的波形。也就是在输出波形的半个周期中产生多个脉冲，使各脉冲的等值电压为正弦波形，所获得的输出平滑且低次谐波少。按一定的规则对各脉冲的宽度进行调制，即可改变逆变电路输出电压的大小，也可改变输出频率。

速度控制算法是基于小车当前自身状态信息以及周围环境信息，通过一系列计算，将速度控制指令发送至控制器，控制器解码后将操作指令发送至执行单元，最终保证车辆的实际车速按照预先设定值变化。速度控制系统是基于车辆周围环境感知信息、车辆自身运动状态等信息去控制制动、电机以及两者之间的合理切换,从而实现对车辆速度的控制,继而完成预先设定的速度值的行驶。自动驾驶车辆的速度控制方案流程图如图 5.29 所示。自动驾驶小车控制系统向控制器发出期望车速值,速度控制器接收到决策系统的速度期望值,通过对当前车辆状态信息以及周围环境感知信息的获取,计算出电机的脉冲宽度调制指令。最后,输出的分别是智能小车的驱动电机输出以及电机编码器的编码值。

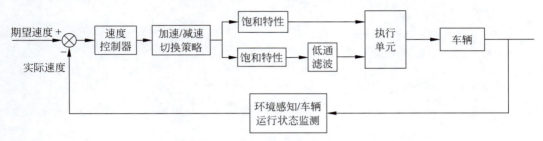

图 5.29　速度控制方案示意图

速度控制器经过一系列计算智能小车电机执行转速,接收到执行命令的电机驱动器驱动执行电机完成相应的操作,并将环境感知信息、车辆运行状态信息实时发送给速度控制器,形成闭环控制。

自动驾驶小车实际行驶过程中速度控制方案采用比例积分微分控制方案。以 20Hz 的频率进行速度采样,随后计算实时速度与目标设定速度的偏差,以及当前偏差与上一采样偏差之间的差值,从而得出比例系数 P、积分 I 以及微分 D 的数值,最终得出计算车速。实际运行程序如下。

```
int16 SpeedControl(int16 speedCount,int16 AmSpeed,uint8 speedKP,uint8 speedKI,uint8 speedKD)
{
    static float Speed1_Err,SumErrSpeed;       //静态变量存储中间变量
    float Speed2_Err,Speed_EC;
    float Speed_P_Value,Speed_D_Value ;

    static int16 SpeedPWMOUT;

    Speed2_Err = Speed1_Err ;                  //将上一次的偏差保存

    Speed1_Err = AmSpeed - speedCount ;        // 计算新的偏差值

    Speed_EC = Speed1_Err - Speed2_Err ;       // 计算新的偏差变化值

    Speed_P_Value = Speed1_Err * speedKP/10.0 ;  // 增量式 PID 控制计算 P 调节量

    SumErrSpeed += Speed1_Err * speedKI ;      //增量式 PID 控制计算 I 调节量

    Speed_D_Value = Speed_EC * speedKD/100.0 ; // 增量式 PID 控制计算 D 调节量

    SpeedPWMOUT += (int16)(Speed_P_Value + SumErrSpeed + Speed_D_Value);
```

```
if(SpeedPWMOUT < SPEED_PWM_MIN )
{
 SpeedPWMOUT = SPEED_PWM_MIN ;
}
else if(SpeedPWMOUT > SPEED_PWM_MAX)
{
 SpeedPWMOUT = SPEED_PWM_MAX ;

}
if(SpeedPWMOUT <= 0)SpeedPWMOUT = 0;

    return SpeedPWMOUT ;
}
```

5.4.3　自动驾驶小车方向控制

智能小车通过舵机控制车辆的行驶转向，由于智能小车速度较快，因此整个系统对舵机控制模块有很高要求。

图 5.30 所示为智能小车舵机。

图 5.31 所示为典型现代车辆转向系统结构。

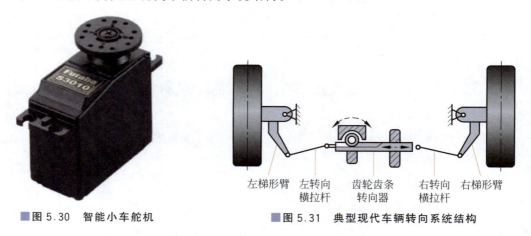

■ 图 5.30　智能小车舵机　　　　　■ 图 5.31　典型现代车辆转向系统结构

现代车辆动力学模型转向原理[8]是四杆机构中的双曲柄机构，如图 5.32 所示：AC 和 BD 为两等长而不平行的曲柄，即 AB 和 CD 两平行不等长的连杆设计而成的阿克曼几何。当以 A 点为瞬时中心时，中心将曲柄 AC 向右转动角 α_1 时，经由连杆 CD 使曲柄 BD 亦向右转动 β_1 角。此时，$\alpha_1 > \beta_1$；同理 AC 向左转角 α_2 时，经由连杆 CD 使曲柄 BD 亦向左转动 β_2 角，此时 $\alpha_2 < \beta_2$。

当汽车转弯时所有车轮的轴线交于瞬时转动中心 O 点，此时可以看作是汽车所有车轮以瞬时角速度 ω 围绕 O 点旋转。那么，后轴的内、外轮的瞬时线速度分别为：$OC \times \omega$，$OD \times \omega$。显而易见，$OC < OD$，故 $OC \times \omega < OD \times \omega$。由此可知汽车转弯时内轮转速比外轮慢。为了解决该问题，智能小车上放置了差速器。

图 5.33 所示为现代汽车转向分析示意图。

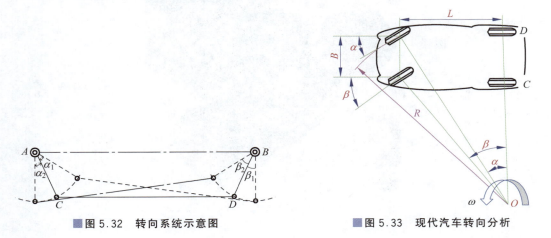

■ 图 5.32 转向系统示意图　　　　■ 图 5.33 现代汽车转向分析

智能车的差速器为滚珠式差速器,其结构如图 5.34 所示。

■ 图 5.34 小车差速器

差速器有差速作用和限滑作用:差速作用可以保证两个车轮以不同的轮速转动,并且使得两轮转速均值等于驱动轴的转动速度;限滑作用是指在两轮相对转动时产生阻力,以限制两轮速度差,避免出现某一个轮子发生过度打滑或者空转。为了提高性能,齿轮差速器可以加灌润滑油,差速润滑油可以使得齿轮在相对转动啮合时产生阻力。不同差速润滑油会带来不同的差速效果,因此针对不同位置的差速器、不同功能的差速器应该使用不同类型的差速油,从而获得更好的效果。

从动齿轮上的滚珠相当于行星齿轮,如图 5.35 所示,滚珠式差速器与行星齿轮式差速器工作原理基本相同。动力传动顺序为:从动齿轮→滚珠→摩擦盘→左、右半轴。当智能车转弯时,从动盘上的滚珠发生自转,转动方向与外侧车轮旋转方向一致[10]。差速器首先要保证差速平顺,这样就需要保证左、右侧摩擦盘与滚珠的间隙不能过小,因此摩擦盘与滚珠的间隙越大,差速性能越好;然而过大的间隙会造成从动齿轮松动,电机的转矩就无法快速、有效传递,从而就会影响小车的加减速性能。

自动驾驶小车的方向控制主要是根据当前车辆的状态信息和决策系统给出的期望路径对车辆的转向轮的转向角度进行计算,从而实现跟踪期望路径。通过不断接收方向反馈信息,从而实时纠正方向,最终完成指定的循迹路线。方向控制

■ 图 5.35 典型智能车转向系统

方案示意如图 5.36 所示。车辆的方向控制是一个预瞄控制过程,日常生活当中驾驶员通过视觉观察当前车辆的状态,在当前驾驶条件下规划出一条期望路径,随后在这条期望路径内寻找一个瞬时位置,判断到达该瞬时位置所需的转向角度,当发觉方向转向存在一定偏差时,进行适当的矫正,从而到达该顺势点。自动驾驶小车的方向控制基于以上原理来完成相应的方向控制。具体实现流程是自动驾驶小车的决策系统首先规划目标路径,结合预瞄跟随理论和跟踪方法原理,在目标路径上搜索恰当的目标预瞄点,基于小车的实时状态信息以及小车周围环境信息等,方向控制器计算出转向轮的转向角度,将控制角度指令传送到转向驱动器,驱动转向机构完成相应操作并反馈转向状态信息。车辆在转向过程中,基于自身状态不断纠正方向偏差,从而再调整转向轮的转向角度,最终实现车辆的转向控制[11]。

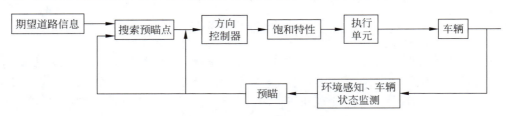

■ 图 5.36 方向控制方案示意

本方案通过控制舵机实现智能车的转向,通过控制电机实现智能车速度的调节。对于舵机和电机的控制算法均使用了 PID 控制算法,只有通过大量实验确定算法中的参数,才可以获得满意的控制效果。程序代码如下:

```
//输出 = P * 误差 + D * 误差的变化 + I * 误差的积分
float current_error,last_error ,error_floategral;   //偏差定义
float Kp,Kd,Ki;                                     //PID 参数定义
float Out;                                          //输出量
current_error = get_error();                        //求出本次偏差
error_floategral =  error_floategral + current_error;   //误差积分
Out = Kp * error + Kd * (current_error − last_error) + Ki * error_floategral;
last_error = current_error;
```

5.5 自动驾驶小车实验与测试

5.5.1 软件系统设计

智能小车的软件程序系统的设计选用 IAR 7.0 作为集成开发环境，IAR 支持多种操作系统，不仅提供了集成开发环境 IDE、C 交叉编译器、工作空间管理，还提供了链接器以及调试器等工具方便开发人员仿真下载。操作界面及 JTAG 下载器分别如图 5.37 和图 5.38 所示。

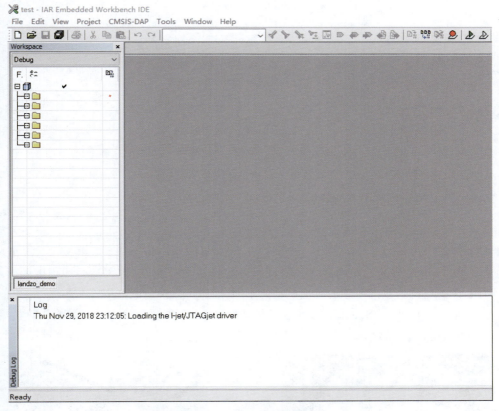

图 5.37　IAR 集成开发环境

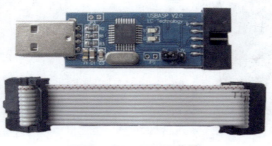

图 5.38　JTAG 下载器

为了有效分析自动驾驶小车运行状态和传感器运行状态，在实验测试过程中，可通过串口、蓝牙传输模块或是WiFi模块发送小车实时状态信息，并使用调试助手进行串口信息分析。调试助手界面如图5.39所示。

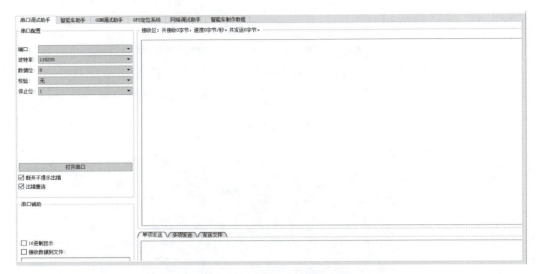

图5.39 调试助手示意图

5.5.2 电磁智能小车测试

以电磁感应作路径引导的智能小车往往需要在铺设电磁组的跑道上行驶。电磁车需要检测埋在赛道下的通入100mA电流的漆包线，将电感放在漆包线周围，电感上会产生感应电动势，且感应电动势的大小与通过线圈回路的磁通量成正比，又因为漆包线周围的磁感应强度不同，因此不同位置的电感的感应电动势不同，因而可以确定电感位置。如图5.40所示，在车辆前面设置了50cm的前瞻，电磁感应测试如图5.41所示：分为两排，前排3个，沿着预先铺设的电磁组轨迹行驶。

图5.40 车辆前面设置50cm的前瞻

图5.41 电磁感应测试

5.5.3 摄像头智能小车测试

以摄像头为主要传感器的智能小车沿预先铺设的跑道运行,通过摄像头获取信号,根据道路两侧颜色差异特征,获取可行驶道路信息,从而沿可行驶道路区域运行,实际测试图如图 5.42 所示。

控制器通过获取摄像头捕捉的信号,分析小车距离道路两侧距离。当小车位于道路中心左侧时,控制舵机向右偏航,反之向左偏航。

智能小车通过接收摄像头数据,选取一定阈值对图像数据二值化。如图 5.43 所示,二值化灰度图像经过一定处理后,可行驶区域与周围有明显的差异。随后,按一定的分辨率,以隔行扫描的方式采集图像上的点,当扫描到某点时,就通过图像传感芯片将该点图像的灰度转换成与灰度一一对应的电压值,然后将此电压值通过视频信号端输出[12]。感知算法通过固定阈值,分割出自动驾驶小车可行驶区域,摄像头路沿实际检测效果如图 5.44 所示。

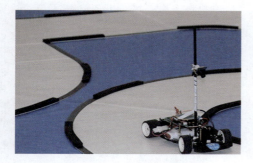

图 5.42 实际跑道测试

图 5.43 摄像头灰度图像

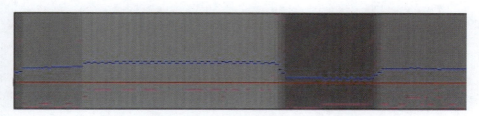

图 5.44 路沿检测

本章以摄像头为传感器的智能小车为例(见图 5.8),推荐实验配置如下:
(1) 智能小车车模推荐选用飞思卡尔官方指定 B 组车;
(2) 核心板选用飞思卡尔 MK60;
(3) 整车选择蓝宙电子摄像头组车;
(4) 集成开发环境选择 IAR7.2;
(5) 调试助手选择山外智能调试助手。

参考文献

[1] 罗丛波.基于视频导航的飞思卡尔智能车系统的设计与实现[D].吉林大学,2016.
[2] 谢檬,郭霞.智能小车控制系统设计[J].传感器与微系统,2016,35(12):116-120.
[3] 马丹萍,李勇.无线遥控智能小车的运动模拟及轨迹绘制[J].浙江师范大学学报:自然科学版,2015,38(1):116-120.
[4] 余莎丽,刘小龙.基于模糊PID与算法控制智能小车速度[J].自动化雨仪器仪表,2016(2):76-77.
[5] 寸晓非.基于飞思卡尔微控制器的智能循迹小车的设计[J].荆楚理工学院学报,2012,027(004):8-22.
[6] 高振海,管欣,郭孔辉.驾驶员方向控制模型及在车辆智能驾驶严重中的应用[J].中国公路学报,2000,13(3):106-109.
[7] 喻凡,林逸.汽车系统动力学[M].北京:机械工业出版社,2008.
[8] 郭孔辉.汽车操纵动力学原理[M].南京:江苏科学技术出版社,2011.
[9] 浅析PID控制基本原理及参数调节[EB/OL].[2018].http://www.elecfans.com.
[10] 栗韦.基于前馈—非线性PID控制器的智能车系统研究[D].东北大学,2009.
[11] 余志生.汽车理论[M].北京:机械工业出版社,2009.
[12] 刘嘉豪,刘海刚,张建伟,等.智能车图像处理与识别算法研究[J].工业控制计算机,2014(08):19-22.

第6章 复杂园区的低速无人驾驶技术及应用

6.1 复杂园区低速无人驾驶车的特点

无人驾驶技术近年来得到了迅猛的发展,但由于仍旧存在法律、技术、成本以及社会认知等方面的困难和阻碍,公开在道路上全面无人驾驶技术的应用还有待时日。在全世界公开道路上进行的测试中,由于安全员的存在和昂贵的传感器成本使推出诸如自动驾驶打车服务的公司连年亏损,不具备商业化运行的可能性。在现阶段无人驾驶技术的商业化落地可能集中在几方面:第一是环境较复杂,但是对车速要求不高(如低于30km/h)的内部环境,如机场的货物和人员运输与接驳,园区物流、大学校园和景区的人员接驳等。第二是对车速有一定要求,但环境简单,诸如厂区、港口、码头、矿区等地方的货物运输。

本章将集中介绍复杂园区内的低速无人驾驶技术,这也是短期内存在商业化落地可能的重要方向,但复杂园区内低速无人驾驶技术并不是结构化道路上的高速无人驾驶技术的简化,由于存在运行环境、成本和感知决策逻辑方面的不同,整体的解决方案仍存在着较大差异。

6.1.1 运行环境不同带来的差异

图 6.1 所示为结构化道路与高速无人车,图 6.2 所示为复杂园区与低速无人车。

图 6.1 结构化道路与高速无人车

■ 图 6.2　复杂园区与低速无人车

复杂园区的低速无人驾驶车不同于在结构化道路上行驶的高速无人驾驶车，其环境特征有很大的不同。

1）缺乏道路交通标线

复杂园区的道路缺乏如《道路交通标志和标线》（国家标准 GB 5768—2009）规定的指示标线（包括车行道分界线等 13 类）、禁止标线（禁止超车线、停止线等 11 类）和警告标线（车行道宽度渐变标线、接近铁路平交道口标线等 3 类）。这样的环境造成高速无人驾驶技术中通常所用的基于车道线识别的车辆路径保持算法在复杂园区内通常不太适用或者需要重新进行算法的修正。

2）缺乏道路交通标志牌和红绿灯设备

复杂园区内的道路缺乏《道路交通标志和标线》（国家标准 GB 5768—2009）规定的道路交通标志牌中的主标志（警告标志、限速标志等 7 种）和辅助标志。通常所用的道路交通标志牌识别算法在低速无人驾驶车行驶的环境内通常不太适用或者需要重新进行算法的修正。另外绝大多数复杂园区内的道路没有红绿灯设备，所以在通过园区内部路口和岔口时的感知和决策方法需要进行大的调整。

3）道路的规范程度明显不同

结构化道路通常根据 CJJ 37-2016《城市道路工程设计规范》（2016 年版）中的规定，道路平面线型由直线和平曲线组成。平曲线由圆曲线、缓和曲线组成，圆曲线最小半径应符合相关规定。而复杂园区内的道路往往是依托地形而建，会出现急弯等特殊的道路。同时城市道路的路面采用规范沥青混凝土或水泥混凝土等，而复杂园区内的道路还包括泥土路、塑胶道路等特殊的路面，低速无人驾驶车辆在这些不同路面上的行驶控制算法需要修改更新。

4）道路的对空情况可能有大的不同

结构化道路根据《城市道路工程设计规范》（2016 年版）中的规定，道路建筑界限应以道路上净高线和道路两侧侧向净宽边线组成的空间界限，道路建筑限界内不得有任何物体侵入。对于无人驾驶汽车而言，良好的净空意味着有比较好的 GPS 导航信号接收条件，特别有利于定位和路径规划；而复杂园区内的道路由于场景复杂，道路周边常有建筑物、树木甚至山石等遮挡，单纯依靠 GPS 导航信号定位可靠性难以保证，必须利用惯性导航、图像和雷达技术 SLAM 等多种辅助手段加以定位和导航。

5）车辆运行速度不同带来的差别

低速无人驾驶车通常行驶速度远小于高速行驶的无人驾驶车，在障碍物检测距离、控制周期、测量精度、决策逻辑等方面两者都有较大差异。

国家质量监督检验检疫总局发布的《场（厂）内专用机动车辆安全技术监察规程》（TSG N0001—2017）中规定"观光车"的最大运行速度不得大于 30km/h，如果是一些在复杂园区内行驶的清扫车、叉车等行驶速度将更低。不同的行驶速度意味着不同的制动距离，在铺装路面上，制动力系数即制动力比汽车总重量最少为 5.6。一般汽车装有 ABS 且是碟刹，在良好路上的制动力系数能达到 0.7 甚至 0.8。不考虑驾驶员反应时间（平均 0.2s）和制动系统协调时间（踏板开始踩下消除各种间隙到发出一半制动力时间，一般 0.33s）情况下。在 30km/h 行驶的车辆其制动距离大大小于在 120km/h 行驶的车辆，为此对无人车来讲，其传感器的探测距离也可由原来高速无人车的 100~150m 下降到 30~50m。在现有的条件下，可较大降低传感器选择价格，并提高可靠性。

6.1.2 成本要求不同带来的差异

由于在复杂园区内的低速无人车解决方案是以商业化落地为发展方向的，所以对整个解决方案的成本要求也比较高。不能不计成本地使用高精度传感器和高价位的车辆，必须使用性价比最高、最可靠稳定的方案。

复杂园区内行驶的低速无人驾驶车由于产品定位和运行环境的差异，其安装的传感器成本往往只有高速无人驾驶乘用车、商用车的 1/20 左右或更少。低成本的传感器的精度、分辨率等受到限制，必定需要特殊的技术解决方案。例如 1 线和 16 线的激光雷达的零售价格在 1 万到 2 万元人民币之间，低速无人驾驶车往往可以接受，而 4/8 线激光雷达、32/64 线激光雷达往往价格高达 10 万＋甚至 60 万＋元人民币，是低速无人驾驶车无法接受的。再如基于 RTK 的导航解决方案在千元级，其价格适中，而成熟的光纤惯性导航通常 10 万＋元人民币的价格使低速无人驾驶车让用户难以承受。在控制价格，放弃了多维激光雷达以后，雷达成像的距离和分辨率将大打折扣，一方面适应了低速车的特点（传感器检测距离可以缩短），另一方面也对低分辨率情况下的障碍物检测技术提出了更高的要求。在不使用光纤惯性导航，且 GPS 信号时常不稳定的情况下，必须采用视觉和雷达的技术进行位置补偿和路径规划，保证车辆正常行驶。

图 6.3 所示为低成本激光雷达效果，图 6.4 所示为高成本激光雷达效果。

■ 图 6.3 低成本激光雷达效果

■ 图6.4 高成本激光雷达效果

在复杂园区内行驶的低速无人驾驶车的底盘往往是依托较为简陋的车型或独立研发的车型,其自动转向、自动制动和自动速度改造的难度往往大于量产化的乘用车和商用车。表6.1通过一个低速电动高尔夫球车和某量产型的高速电动乘用车进行示例对比,来说明整个车辆平台不同所带来的差异。

表6.1 不同车辆平台对比

对比项	电动高尔夫球车	量产型电动乘用汽车
动力电池	48V 铅酸电池组	三元锂电池组
电动机	直流串励电机	160kW 电动机,最大扭矩 300N·m
转向系统	齿轮齿条转向系统	电动助力 EPS
制动系统	四轮双回路液压毂刹	真空助力液压制动,ESP
油门	电子油门	电子油门
EPS	无	有
ABS	无	有
整车控制器	无	完善
CAN 总线	无	完善
速度获取	无	多种速度显示
电量获取	模拟灯显示	CAN 总线输出
故障显示	模拟灯显示	CAN 总线故障码
悬架	无	麦弗逊式独立悬架
驻车制动	无	电子驻车
价格区间	几万元	几十万元

由于实例中电动高尔夫球车缺乏完善的整车控制器、CAN 总线系统和 EPS 等必备设备,如需进行自动转向和自动制动改造,其车身速度控制与获取、电量获取等都需要额外添加,整车的 CAN 总线系统和 VCU 也需要单独设计,这样就给车辆改造增加了难度。同时由于电动高尔夫球车缺乏底盘减震和稳定性设计,其车辆控制精度有差别。

图 6.5 所示为低速车辆和高速车辆的对比。

(a) 低速车辆　　　　　　　　　　　　(b) 高速车辆

■ 图 6.5　低速车辆和高速车辆的对比

6.1.3　感知及决策逻辑特点不同带来的差异

图 6.6 所示为感知特点不同所带来的差异。

(a) 低速无人驾驶所面临的环境特点

(b) 高速无人驾驶所面临的环境特点

■ 图 6.6　感知特点不同带来的差异

不同于在公路上行驶的高速无人驾驶车,复杂园区内行驶的低速无人驾驶车所面对的障碍物对象种类比较复杂,其视觉和雷达感知的对象也不同。如静态障碍物,不同于公路两侧的隔离墩等规范物体,复杂园区内道路两侧的静态障碍物可能包括树木、假山、装饰物等,存在极大的不规范性,对传统的视觉和雷达聚类算法是不小的挑战。而动态障碍物不同于公路上能简单归纳的小车、大车、自行车、行人等种类,可能还包括跳跃的动物和飞翔的大鸟等特殊物体,运动轨迹和外形特点远非车辆和行人所能比拟。另外复杂园区内行驶的无人驾驶车有可能在夜间光线条件很差的环境下行驶(如后面示例中的北京动物园的夜间巡逻),对视觉系统的应用将提出新的挑战。

对于在复杂园区内行驶的无人驾驶车,其决策逻辑也不同于在结构化道路上行驶的无人车,在结构化道路上行驶的无人车包括车道保持、定速巡航、ACC、自动换道等逻辑,其主要遵守的是道路安全的相关法规,如在路口等待红绿灯通行的逻辑,策略上要考虑绿灯、黄灯、红灯等不同状态,并要细分绿灯路口拥堵、黄灯越线、红灯越线等不同处理逻辑。而在复杂园区内行驶的无人车往往没有明确的行驶车道,路口也没有红绿灯系统,经常是人车混行的模式。需要通过对车辆,特别是行人和动物的运动轨迹预判,采取跟随行驶、安全提示、小范围避让的决策逻辑,其特点比较明显。

6.2 复杂园区低速无人驾驶车辆示例

6.2.1 "小旋风"低速系列无人车平台介绍

北京联合大学"小旋风"低速系列无人车是为本科生和研究生教学所打造的科研平台,基于低速场地电动车进行了底盘线控改造,使之具备通过 CAN 总线控制转向、制动和速度的能力;其次增加了精确导航系统和超声波雷达及 16 线激光雷达,健全了其感知系统;最后安装全车线束、工业计算机和网络系统,完成全车的设备安装。

"小旋风"低速系列无人车平台包括无人驾驶园区接驳车、无人驾驶园区消防车、无人驾驶园区送货车、无人驾驶园区情侣车、无人驾驶园区巡逻车、无人驾驶高尔夫球车、无人驾驶园区无障碍车、无人驾驶园区洒水车、无人驾驶园区救护车、无人驾驶园区物流车共 10 个种类。各种车型均能实现无人驾驶和人工驾驶双模式及时切换。在人工驾驶的模式下,驾驶员如同驾驶普通电动场地车一样行驶;在无人智能驾驶模式,计算机系统控制车辆自动行驶,方向盘不能人工干预,可以人工制动。两种模式的切换通过转换开关可以实时实现。在无人驾驶状态可实现路径规划、巡线行驶、自动停障、自动避障等基本功能外,还可根据自身车辆特点实现多种应用功能。

图 6.7 所示为北京联合大学"小旋风"低速系列无人车平台。

■图 6.7 北京联合大学"小旋风"低速系列无人车平台

6.2.2 "小旋风"第四代低速无人巡逻车介绍

图 6.8 所示为"小旋风"第四代低速无人巡逻车平台。

图 6.8 "小旋风"第四代低速无人巡逻车平台

低速无人巡逻车平台硬件结构如图 6.9 所示,其中工控机作为整个平台的主要数据处理单元,通过搭建的车内局域网络(LAN)接收激光雷达、双目摄像头的数据,同时通过串口

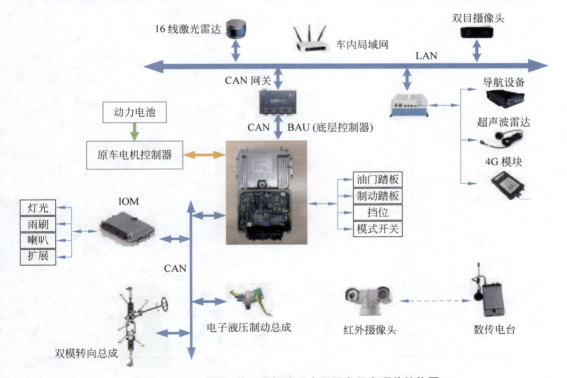

图 6.9 "小旋风"第四代低速无人巡逻车平台硬件结构图

接收导航设备及超声波设备的数据信息,并可同车载 4G 设备进行通信。工控机通过 CAN 卡或者 CAN 网关向 BAU(底层控制器)发送车辆的控制命令。BAU 是底层车辆的管理核心,负责整车的控制和管理。当其接到工控机传来的车辆控制命令后,其横向控制命令,通过 CAN 总线 2 传送到双模转向总成(Steering on Dual-Mode,SDM)进行闭环转向控制,其挡位和加速信息可通过直接控制原车电机控制器实现,其制动命令可通过 CAN 总线 2 传送到电子液压制动(Electro Hydraulic Braking,EHB)总成实现。要实现的车辆灯光(转向灯、行车灯)、雨刷及喇叭控制由工控机发送命令给 IOM 来控制实现。基于 BAU 和 IOM 构建的自动驾驶底层架构可以实现"人工驾驶""自动驾驶"以及"远程驾驶"等多种驾驶模式和控制方式。双模转向总成(Steering on Dual-Mode,SDM),为自主研发的线控转向技术,具备"线控转向"与"电动助力"两个工作模式;以模块化为核心设计理念,由管柱、涡轮蜗杆、直流电机、扭矩传感器、转角传感器和 ECU 等部件构成,具有线控化、一体化、高集成度、高可靠性等特点。电子液压制动为自主研发的线控液压制动技术,在原车液压制动系统油路中加装一个液压动力单元,来驱动刹车片完成刹车动作,由电机、液压泵、油箱、阀块、电磁阀以及传感器等部分组成。

表 6.2 给出了"小旋风"第四代低速无人车底层平台参数。

表 6.2 "小旋风"第四代低速无人车底层平台参数

外形尺寸		3100mm×1480mm×1900mm(长×宽×高)	
轴距	2500mm	前后轮距	1230mm
整备质量	960kg	成员数	4 人
电机形式	交流异步/4kW	动力电池	铅酸 48V/150Ah
续航里程	80km	最高时速	30km/h
转向系统	转向器形式	管柱式	
	人工驾驶模式	电子助力	
	自动驾驶模式	线控主动转向 精度>1°;速度>480°/s;响应时间<10ms;	
制动系统	行车制动形式	双回路液压式	
	行车制动方式	人工驾驶模式	真空助力
		自动驾驶模式	线控主动增压,输出压力 1~10MPa;输出精度>5%;制动响应时间<100ms
	驻车制动形式	机械钢索式	
	驻车制动方式	线控拉索(自动)/电子驻车(人工)	
线控系统	系统供电	直流 12V	
	总线类型	CAN 2.0B	
	通信协议	SAE J1939	
	功能节点	双模自动转向总成;电子液压制动总成;油门/挡位/动力电池电压/灯光系统/鸣笛;用户扩展设备电源管理	

6.2.3 "小旋风"第四代低速无人巡逻车软件体系分析

1. "小旋风"第四代低速无人车 Windows 版软件架构

Windows 开发环境下的"小旋风"软件架构如图 6.10 所示,整个自动驾驶系统由感知模块、认知模块、控制模块、交互模块与支撑模块构成。感知模块软件组成主要包括:激光雷达数据处理软件、双目摄像头数据处理软件与 GPS 数据处理软件,这三个软件输出相应的处理结果作为无人车环境感知结果,供决策模块使用。认知模块软件组成包括:数据融合软件、行为决策软件与路径规划软件,通过这三个软件,无人车的控制模块可以得到驾驶状态与驾驶轨迹。控制模块将依据驾驶状态与驾驶轨迹进行横纵向控制以实现无人车整体系统运行。在 Windows 软件架构里还包括了交互模块。交互软件包括:后台云端服务软件、手机 App 约车软件、后台监控软件。本系统采用虚拟交换的方式(封装的 UDP 组播传输)实现各个模块之间相互通信,同时软件加密保护采用加密狗的方式进行。

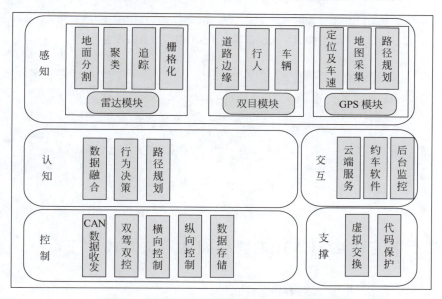

■图 6.10　Windows 环境下"小旋风"软件架构

2. "小旋风"第四代低速无人车 ubuntu 版软件架构

"小旋风"第四代车在 Ubuntu 系统下基于 ROS 架构开发了一整套自动驾驶系统,如图 6.11 和图 6.12 所示。基于 ROS 架构的自动驾驶系统软件包的耦合度更低,各个模块更加独立。本自动驾驶系统如同 Windows 系统下的架构一样分为:感知模块、决策控制模块、底层控制模块。不同的是在各个模块间软件包的划分更加细致,例如激光雷达模块分成了雷达驱动包、雷达数据处理包,图像模块与 GPS 模块也是一样。基于 ROS 架构的软件系统最大的特点在于加入了雷达 SLAM 软件包,SLAM 软件包的加入增加了系统定位的可靠性与鲁棒性。总体来看,基于 ROS 架构的自动驾驶系统比基于 Windows 系统的更加适合开发者,因为前者有完善的数据通信方式、完善的数据显示、保存等服务,方便的节点监管等。

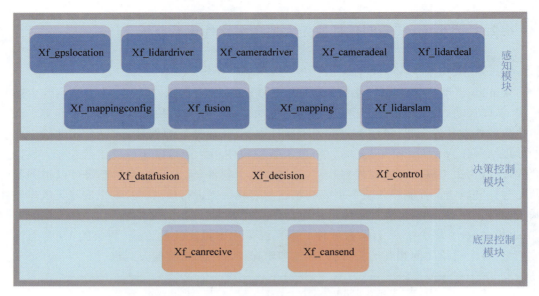

图 6.11　Ubuntu 环境下"小旋风"软件开发包

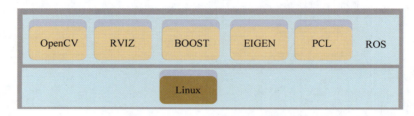

图 6.12　ROS 支撑包及系统

6.3　基于激光雷达 SLAM 的复杂园区定位方式

6.3.1　激光雷达 SLAM 的基本原理

　　LiDAR(Light Detection and Ranging)是激光探测及测距系统的简称,由激光雷达扫描所获取的数据,即得到激光雷达点云数据。车载 LiDAR 是近年发展起来并广泛应用于三维地面信息采集的新型遥感技术,相比于传统摄影测量技术,车载 LiDAR 能够自动快速地获取高精度、高密度的周围三维坐标信息,并在城市三维重建、地形测绘等领域具有重要的应用。随着无人车技术的发展,LiDAR 作为无人车中感知领域重要的传感器之一,在障碍物检测、无人车的即时定位与地图构建(Simultaneous Localization and Mapping,SLAM)技术中具有重要的研究价值。

　　SLAM 技术,指的是将机器人放在一个完全未知的环境中,从一个未知位置开始移动并对环境进行增量式地图创建,同时利用创建的地图进行机器人自身的定位和导航。SLAM 技术可以使机器人在任意陌生的环境中都能实现真正的自主导航。SLAM 问题最早在 1985 年由 Cheeseman 和 Smith 撰写的文章提出,文中创立的原理构成了求解 SLAM

问题的数学基础[1]。1987年，Smith、Self和Cheeseman等提出基于卡尔曼滤波的SLAM算法理论框架，该理论后来成为被应用最广泛的方法。后来随着技术的逐渐发展，衍生出以下几种主流的定位算法，主要包括：扩展卡尔曼滤波（Extended Kalman Filter，EKF）方法、粒子滤波器（Particle Filter，PF）方法、最大似然方法、稀疏扩展信息滤波器（SEIFs）、平滑技术法、Graph SLAM方法以及基于遗传算法的方法等。其中最为经典的算法为EKF方法和PF的方法。其中，FastSLAM和基于Rao-Blackwellized粒子滤波器（RBPF）的方法已经成为粒子滤波器方法中的典型代表。

在SLAM技术中，定位算法与地图表示通常是成对使用的。在SLAM过程中，定位和建图是两个密不可分、相互依托的过程。机器人的精确定位依赖于高精度的环境地图，而地图的创建同时也需要依赖于机器人的准确位姿，定位与建图是一个高度相关的过程，必须同时求解，任何一个问题都不能单独解决。早些年激光SLAM技术主要应用在移动机器人的自主导航中，近些年随着自动驾驶车技术的发展及技术需求，研究者们开始将激光雷达SLAM技术和图像SLAM技术应用到自动驾驶车上[2]。

1）SLAM定位技术国内外研究现状

移动机器人领域的定位可以划分为两种：位姿跟踪和全局定位。位姿跟踪是指机器人的当前位姿根据上一时刻的位姿进行递推计算，要求机器人的初始位姿必须已知。全局定位是指机器人的初始环境和初始位姿都未知，通过获取的环境信息来求取机器人在环境中的全局位置。

一种位姿跟踪方法是扫描匹配算法，包括半自动扫描匹配和自动扫描匹配，两种方法各有其优缺点。其中，半自动扫描匹配是在已知初始估计的基础上迭代进行的，该方法的缺点是对初始估计要求高，如果初始估计不好或者没有初始值会导致匹配失败；自动匹配方法是直接求解扫描的位姿，缺点是匹配的结果精度不高。常用的扫描匹配方法有：迭代最近点算法和随机抽样一致（Random Sample Consensus，RANSAC）算法等。

另一种位姿跟踪方法是基于卡尔曼滤波（Kalman Filter，KF）的SLAM算法，该方法由Smith等于1987年提出，主要通过预测和校正过程对线性高斯系统的状态进行估计递推。由于其对于线性系统的限制使研究者不断进行各种改进，其中最为经典的方法是EKF，EKF方法和KF方法的主要区别在于，EKF对机器人位置和路标位置进行同时估计，而且EKF适用于非线性高斯系统。

此外还有许多基于卡尔曼滤波方法的改进方法：无损卡尔曼滤波器、迭代扩展卡尔曼滤波器、迭代无损卡尔曼滤波器、迭代Sigma点卡尔曼滤波器和信息滤波等。

FOX等首先提出马尔可夫定位，该方法将定位问题视为一个离散的马尔可夫过程，是一种成功的全局定位方法，而且已经被成功应用于多个领域。马尔可夫过程中的每一个状态对应于机器人的每一个离散化的位姿，其优点是能够处理多模和非高斯的概率分布，有效解决位姿跟踪和全局定位问题。马尔可夫定位通用性较强，可用于任何环境的定位，但是其效率较差。根据地图表示方法的不同可分为拓扑马尔可夫定位（Topological Markov Localization，TML）和栅格马尔可夫定位（Grid Markov Localization，GML）。

此外全局定位方法还有蒙特卡罗定位（Monte Carlo Localization，MCL），也被称为粒子滤波定位。粒子滤波器可用在任何非线性的随机系统，不过在不同的环境中情况不同，如在位姿跟踪中需要少量粒子即能完成，在全局定位中需要较多的粒子。粒子滤波的最大问题是会出现由于重采样过程而导致的粒子耗尽,此时粒子无法逼近机器人位姿的真实后验分布。为了降低计算量,Koller等提出采用自适应调整样本数量的方法来实现及机器人的定位。

Thrun等提出Mixture-MCL算法,该方法主要的区别是改变了样本的产生方式,但也有一定的局限,只是在样本较小的时候会产生较好的定位结果。

Saarinne等提出一种基于正态分布变化的蒙特卡洛定位方法(Normal Distributions Transform Monte Carlo Localization,NDT-MCL),用正态分布变化作为地图和传感器数据的表示形式,提高了室内机器人定位的精度和可重复性。Bedkowski J M等还将3D蒙特卡洛定位方法与GPU加速技术进行联合。Xiong H等将扫描匹配方法与粒子滤波方法进行结合完成SLAM过程。

上面多种方法都被应用在各种场景、各种应用的SLAM技术过程中,包括图像SLAM和激光SLAM或者是激光和图像的融合使用。

2) SLAM地图创建技术国内外研究现状

地图表示是SLAM问题的重要研究内容。根据对环境地图的描述,目前主要有4种地图表示方法:栅格地图、特征地图、拓扑地图和混合地图。

栅格地图的概念在1985年由Elfeshe和Moravec首次提出,后来主要应用在机器人领域。栅格地图把周围环境划分为网格结构,一般采用的方法是划为大小相等的正方形,也有的研究将其划分为扇形。然后对划分出的每个栅格赋予属性值,来表示该栅格的占有状态。一般对于二维平面栅格地图,有0和1两种属性值。0代表栅格没有被占用,1代表该栅格被障碍物占用。而三维栅格地图每个栅格属性值还要包括障碍物的高度信息。栅格地图的优点是易于创建和维护,且不依赖于环境地形。缺点是搜索空间较大,效率低,对于大规模环境不适用。随着技术的发展,也出现了很多对于地图的改进。

Smith、Cheesman和Durrant-whytels等是特征地图的提出者。特征地图是从传感器的感知信息中提取几何特征(点、线、面等),并把这些环境特征的集合定义为地图。特征地图模型描述更为方便,利于位置估计和目标识别,能在后面的地图匹配过程中实现快速精确的匹配,定位更加准确。特征地图的缺点是受传感器噪声影响大,且局限于可参数化、结构化的环境对象。

拓扑地图主要基于拓扑结构,用节点来表示环境的地点或状态信息,以节点间的连线表示物体间的关系,这种表示方法由Mataric最早于1999年提出。拓扑地图的优点是构造简单,占用存储空间小,因为这种表示方法不必考虑环境的具体几何特征,更不必描述每个节点间精确的空间位置关系。缺点是由于其简单的结构特性省略了很多具体环境信息,因此不适合大环境构图,且导航定位精度低。

混合地图是结合了以上两种或者两者以上的地图。由上面可知各种地图表示各有各的优缺点。因此在实际的大范围复杂环境中,既要保证环境细节描述又要减少存储空间和计算代价。因此为了实现自动驾驶车的最终的精确导航定位,一些学者提出了混合地图。混合地图的表示方式是指将以上地图根据实际环境要求进行组合应用,主要是想最大可能地发挥各种地图的优势,弥补各种表示方式之间的缺点,并尽量保证地图细节,最大限度地减少存储空间,提高算法的计算效率和定位能力。

邹智荣考虑实际情况中在有动态障碍物干扰的情况下自动驾驶车如何实现同时定位与地图构建,提出一种小生境粒子群优化的自动驾驶车快速同时定位与地图创建方法。Biber

第6章 复杂园区的低速无人驾驶技术及应用

等在2003年首次提出一种根据NDT(Normal Distribution Transformation,NDT)函数完成点云匹配的2D-NDT算法并成功应用于SLAM中[3]。瑞典厄勒布鲁大学的Magnusson在2006年提出了3D-NDT算法,并不断改进这一算法,使之更加适用于机器人所采集点云数据的匹配。Ji Zhang等在2015年又提出V-LOAM(Low-drift and real-time lidar odometry and mapping)算法,将视觉和激光雷达进行结合,取得了更好的效果。但是Ji Zhang等并没有实现算法的闭环检测。在实际道路中,由于大范围的复杂环境,室外闭环优势不明显,但是如果是在室内,地图闭环的研究还是很重要的。Ji Zhang等提出的算法已经在大量的数据集上得到了验证,且都取得了很好的结果。Tixiao Shan等在LOAM基础上提出了LeGO-LOAM(Lightweight and Ground-Optimized Lidar Odometry and Mapping on Variable Terrain)算法,并已在公开的数据集上验证。

6.3.2 基于激光雷达的SLAM技术在北京联合大学校区无人车的应用

本节的示例是在北京联合大学校区内进行双激光雷达数据融合的SLAM实现。使用安装位置与高度不同双激光雷达进行数据融合,利用NDT算法实现在复杂园区单独利用激光雷达实现无人驾驶。安装双激光雷达的无人接驳车见图6.13所示,处理流程包括空间同步、时间同步。双雷达空间同步就是进行物理标定,以其中的一个激光雷达为中心,另一个激光雷达调整角度值和方向值进行标定,以扫描同一个障碍物进行空间标定。时间同步利用ROS(Robot Operating System,机器人操作系统)机制同时接收双激光雷达点云数据。NDT算法的基本思想是先根据参考数据(reference scan)来构建多维变量的正态分布,如果变换参数能使得两幅激光数据匹配得很好,那么变换点在参考系中的概率密度将会很大。因此,可以考虑用优化的方法求出使得概率密度之和最大的变换参数,此时两幅激光点云数据将匹配得最好。

■图6.13 无人驾驶接驳车

如图6.13所示,实验依托北京联合大学"小旋风"第二代无人接驳车,进行双激光雷达融合的地图构建实验和实际复杂校园环境测试。无人车在不同位置安装了多个16线velodyne激光雷达。A激光雷达安装在无人车横向中心的下部,距离地面为0.5m,B激光雷达安装在无人车横向中心的顶部位置，距离地面1.9m，与A激光雷达前后距离相差1.2m。无人接驳车在北京联合大学北四环校区园区环境中进行了大量有效的测试。如图6.14所示，红色为实验1测试路线，黄色为实验2测试路线。实验1测试路线总路程约600m，测试中全程匀速行驶速度为2.8m/s，行驶时间为215s。实验2总路程约850m，全程匀速行驶速度为2.8m/s，行驶时间为303s。

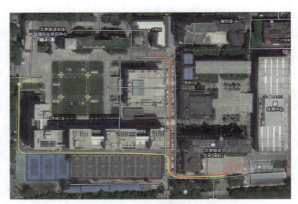

图6.14 复杂园区测试路线

利用双激光雷达进行地图的构建，实验结果包括双激光雷达的标定，点云数据融合之后的数据预处理及双激光雷达利用NDT算法对地图的构建。双激光雷达标定包括空间同步、时间同步。以A激光雷达为原点，通过调整B激光雷达的旋转角度、平移参数，使得两个激光雷达返回的点云数据在同一个坐标系下。

如图6.15所示，白色点云是A激光雷达所扫描的激光点云数据，彩色点云是B激光雷达所扫描的激光点云数据。可以很直观地看出，两者存在很大的差异。图6.15中的左边白色框中，是一个直角的建筑物，清晰看出两个激光雷达角度值存在较大的差异，右边的白色边框，是一个圆柱体的旗杆，两者存在一定的高度差。本文以A激光雷达为原点，通过调整B激光雷达的角度旋转及平移参数，使具有标志性的建筑物激光点云数据重合，如图6.16所示。然后把B激光雷达扫描的点云数据通过PCL数据库融合到A激光雷达点云数据中。

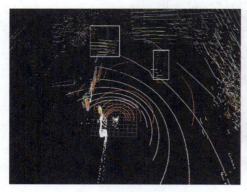

图6.15 双激光雷达数据融合前的点云显示图

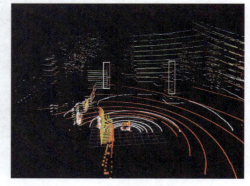

图6.16 双激光雷达数据融合后的点云显示图

从表 6.3 可以得到在两种不同环境下的点云数据预处理前后对比结果。由于 A 激光雷达安装的位置比较低,以及存在一些遮挡区域,总体低于 B 激光雷达扫描的点云数据。融合后的总帧数大于单个激光雷达的总帧数,因为在 ROS 机制下,或在接收数据时存在时间同步上的误差导致融合后的帧数大于单个激光雷达帧数。通过数据下采样处理后,实验 1 的点云数据减少了 91.055%,实验 2 的点云数据减少了 91.120%。经过预处理的数据在保持了点云形态的同时,大大减少了在地图构建中点云配准的计算量以及时间消耗。实验 1 地图构建如图 6.17 所示。

表 6.3　点云数据预处理

实验线路	数据融合前			数据融合后		下采样处理	
	激光雷达	总帧数	每帧点云数	总帧数	每帧点云数	总帧数	每帧点云数
1	A	4562	11 460	6450	21 500	6450	1923
	B	4738	13 580				
2	A	4250	11 340	5970	19 700	5970	1749
	B	4375	13 200				

图 6.17　基于 NDT 算法的地图构建显示图

图 6.18 基于激光雷达 SLAM 技术的无人接驳车编队示范。

以上基于双激光雷达数据融合的 SLAM 技术在北京联合大学园区的 4 车无人驾驶编队中进行了广泛应用,在数月的时间中接待了上千位体验嘉宾,效果良好。

■ 图 6.18 基于激光雷达 SLAM 技术的无人接驳车编队示范

6.4 复杂园区无人驾驶车辆应用实例分析

6.4.1 北京动物园夜间巡逻案例

1. 整体情况介绍

北京动物园位于北京市西城区西直门外大街,东邻北京展览馆和莫斯科餐厅,占地面积约 86 公顷,水面 8.6 公顷。始建于清光绪三十二年(1906 年),是中国开放最早、饲养展出动物种类最多的动物园。饲养展览动物 500 余种 5000 多只;海洋鱼类及海洋生物 500 余种 10 000 多尾。每年接待中外游客 600 多万人次,是中国最大的动物园之一,也是一所世界知名的动物园。

2015—2017 年,在北京市科委计划课题和北京市公园管理中心的支持下,北京联合大学"小旋风"智能车团队利用三种型号的低速无人驾驶巡逻车在北京动物园实现了 4 期无人驾驶夜间巡逻的实验与示范。这条夜间巡逻路线如图 6.19 所示,从澳洲动物区路口开始,从东向西,到休闲广场后向南,到达鸟苑后向东,沿水禽湖北岸,到达四烈士墓后折回向北,路经依绿亭后回到起点,整体呈逆时针封闭路线。

整个巡逻路线全长 1200m,其复杂园区的特点非常明显:

(1) 全程夜间微光环境——测试示范的时间为 19:00—24:00,是北京动物园闭园后的夜间时间,北京动物园为了保护敏感动物,全园没有路灯,所以整个测试示范是在夜间微光环境进行,对传感器要求比较高。

(2) 测试时间跨度长——整个测试从 2015 年 12 月开始到 2017 年 10 月初步结束,近 2 年的时间,从冬到夏,从暑到寒,期间经历了大雨、严寒、酷暑、重度雾霾等极端天气环境。

(3) 环境特点明显——北京动物园地处北京核心地段,整体面积不大,但内部结构复

第6章 复杂园区的低速无人驾驶技术及应用

■图 6.19 北京动物园夜间无人驾驶巡逻路线

杂,整个巡逻路线经过的道路宽窄不一,规范程度差,路边建筑物、假山众多、树木繁茂(对空遮挡严重),整个路线要经过两座狭窄小桥和水岸。

在2年的测试示范中,一共使用了三代无人驾驶巡逻车,其图像采集和实时传输系统基本相同,所不同的是无人驾驶的车平台。第一代无人驾驶巡逻车如图 6.20 所示采用电动高尔夫球车改装,其底盘线控程度比较低,仅安装了 RTK 导航设备、1 线激光雷达及红外摄像头及图像数传系统。第二代无人驾驶巡逻车如图 6.21 所示采用北汽摩公司的 BJ-J20448-YJ 型四轮电动场地车改装,安装了 RTK 导航设备和 16 线激光雷达及红外摄像头及图像数传系统。第三代无人驾驶巡逻车如图 6.22 采用北汽新能源公司的 EX200 电动车改装,安装了 RTK 导航设备和 16 线激光雷达及红外摄像头及图像数传系统。

■图 6.20 2015 年第一代无人驾驶巡逻车夜巡

2. 无人驾驶巡逻车的技术方案和测试效果

第二代无人驾驶巡逻车在北京市动物园进行了长达一年的夜间测试,整车依靠 RTK 导航设备进行精确定位和航向角确定,基准站建立在动物园总监控值班室的屋顶,通过 ADL 电台和车载移动站进行通信。

■图 6.21 2016 年第二代无人驾驶巡逻车傍晚巡逻

■图 6.22 2017 年第三代无人驾驶巡逻车夜巡

1) 遇到的问题

通过第一期的测试发现导航设备受到比较严重的干扰,如图 6.23 所示,精确定位和航向角确定在近 40%的地方受到干扰,不能提供稳定数据。

通过测试和分析,发现精确定位和航向角受到干扰的主要原因如下。

(1) 北京动物园树木繁茂,假山林立,对空遮挡严重。GPS(北斗)信号受到严重的干扰。特别是对于低速无人驾驶车,受到运行环境和成本的限制,其车身没有光纤惯性导航和车身姿态传感器,航向角的丢失影响尤为严重。

(2) 由于初期使用了 ADL 电台作为基准站和移动站的通信工具,同时无线图像数传系统也有自己独立的电台,其在 390~430MHz 频率段存在干扰,严重影响 RTK 的导航效果。

2) 解决方案

电子指南针作为航向角的补偿设备,车辆处于导航定向失效状态下,直接利用电子指南针的数据进行航向角替代的效果。在实践中证明,电子指南针经过校准后,可以在一定范围内补偿航向角的丢失问题,如图 6.24 所示。同时将 ADL 通信模式更换为 4G 通信模式,大大减少了 2 个电台的串扰,并增加 16 线激光雷达在导航失效路段,利用雷达扫描马路边缘巡线行驶。

第6章 复杂园区的低速无人驾驶技术及应用

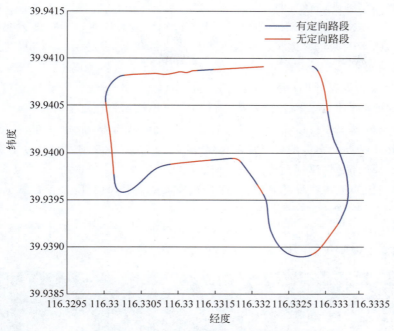

图6.23 夜间巡逻导航定位信号图

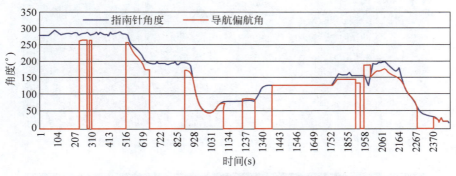

图6.24 电子指南针补偿航向角结果

3) 特点分析

"小旋风"第二代车在北京动物园进行的无人驾驶测试,由于当时的条件限制(2015—2016年),很多比较好的设备和技术(如基于激光雷达的SLAM技术)没有得到应用,但它开启了低速无人驾驶车辆在园区巡逻的先河,对后续的发展有很大的借鉴价值。

3. 图像传输与监控系统的应用

在北京动物园的夜间巡逻中,使用了红外图像设备和数字无线数传设备,其功能为在无人车夜间巡逻的同时,将红外视频实时传送到安全监控中心,无人巡逻车的监控软件具有的功能包括图像传输、云台控制、抓图和录像、可疑人员检测等功能。

无人巡逻车车顶摄像头为海康DS_2ZCN2006型日夜高清网络摄像头,右侧为夜间主动红外补光灯。无人巡逻车采用了HD1080PYA单兵式高清无线图像实时传输系统,其为新一代广播级高清晰度图像实时传输系统。采用当前领先的 COFDM 调制技术，相对窄带的空中频率占用（2MHz/2.5MHz/4MHz/8MHz）和很强的抗多径干扰能力，克服模拟技术和常规调制技术下图像传输多径反射及遮挡所带来的困扰，实现在非视距（非通视）的情况下，高速运动拍摄并实时传输高质量图像，特别适合于复杂环境下使用；结合高效压缩 H.264 新数字视频编码标准，清晰度达到全高清 HD1080P 画质，分辨率达到 1920×1080，兼容 1080P、720P、480P 及标清，支持数字接口及模拟接口；有数字音视频 HD-SDI、HDMI 输入接口，有模拟音视频接口 CVBS 复合输入；具有画质细腻、成色优秀、丰富的颜色调控能力等高清画质特点。图像的可靠传输是实现"巡逻"的基本要求之一。分别将公园管理中心的餐厅、避风塘、凉亭（巡逻路线的中心位置）等处作为监控接收站，进行了测试。最后发现，在凉亭时图像的传输质量最好，整个巡逻路段（0.9km），只有两处存在数据延迟，持续时间约 5s，其余路段图像传输较为流畅。

图 6.25 所示为 2015 年 12 月 16 日夜间实时视频传输图像。图 6.26 所示为 2017 年 9 月 22 日夜间实时视频传输图像。

■图 6.25　2015 年 12 月 16 日夜间实时视频传输图像

■图 6.26　2017 年 9 月 22 日夜间实时视频传输图像

6.4.2 北京联合大学"旋风巴士"接驳车

1. 整体介绍

2017年4月在北京联合大学小营校区"旋风巴士"开始示范性运行,"旋风巴士"是"小旋风"家族的又一新成员。系统主要包括:"旋风巴士"中型无人驾驶电动观光接驳车(包括2辆9座无人驾驶接驳车、2辆13座无人驾驶接驳车和2辆无障碍接驳车),以及网约无人驾驶接驳车平台"智驭接驾"。

运行线路从北京联合大学小营校区西门起,至校区南门,全程共设6个上下车站。用户可通过手机扫描二维码的方式叫车,同时输入目的车站、同行人数等信息;约车平台收到服务请求后,进行车辆调度,引导"旋风巴士"到达指定叫车站点搭载乘客,并将其送往目的车站,完成接驳任务,线路全程采用无人驾驶和无人调度。

图 6.27 所示为无人驾驶接驳车系统整体平台,图 6.28 所示为无人驾驶接驳车运行路线,图 6.29 所示为手机约车界面。

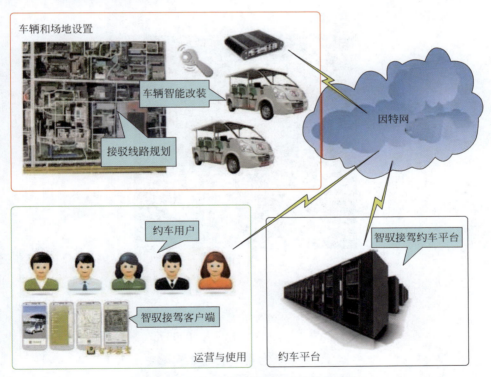

■图 6.27　无人驾驶接驳车系统整体平台

2. 无人驾驶接驳车方案特点

"旋风巴士"是首批在高校校园内低速运行的无人驾驶接驳项目,其特点包括:

(1) 多样的车辆平台:根据运行特点,系统包括9座无人接驳车、13座无人接驳车和残障无人接驳车平台。

(2) 手机约车和调度系统:通过基于云端服务的无人驾驶接驳车手机约车系统,实现

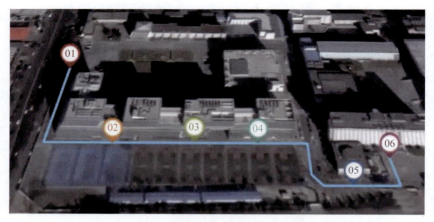

■ 图 6.28 无人驾驶接驳车运行路线

■ 图 6.29 手机约车界面

手机约(叫)车服务。

(3) 长时间全天候试运行：在2年的时长内，无人接驳车在春夏秋冬及白天黑夜进行全天候的高频率测试运行，接待了来自全世界的数百名体验嘉宾和众多的本校测试者。

(4) 2018年开始，增加了利用激光雷达SLAM与GPS相融合的技术，实现4车编队在整个园区多条路线上接驳示范，提高了成功率和舒适感。

第6章　复杂园区的低速无人驾驶技术及应用

3. 手机约车方案

"旋风巴士"无人驾驶接驳车是在无人驾驶接驳车原本具有的自动驾驶功能、停障功能、避障功能等功能的基础上，增加通过基于云端服务的无人驾驶接驳车手机约车系统，从而实现手机约(叫)车服务。无人驾驶接驳车手机约车系统平台如图 6.29 所示。

基于云端服务的无人驾驶园区接驳系统的系统主要由车载计算机及无人接驳车平台、"智驭接驾"约车平台、约车用户与"智驭接驾"App，以及互联网相关基础设施 4 部分组成。车载计算机负责收集处理车载各子系统的传感数据，并将车辆工作状态信息实时发送至"智驭接驾"约车平台，同时车载计算机也会实时接收来自"智驭接驾"约车平台的车辆调度指令。

"智驭接驾"约车平台是北京联合大学"小旋风"智能车团队自主研发的一款手机约车调度服务器，目前实际物理位置位于阿里云服务器。约车用户与"智驭接驾"约车 App 也是北京联合大学"小旋风"智能车团队自主研发的，接收约车用户的用车请求，并提供人机交互服务。"智驭接驾"约车 App 是用 Eclipse 集成环境开发的一款安卓应用，"智驭接驾"约车 App 与"智驭接驾"约车平台通过 json 格式的数据协议进行通信。特别是，为了操作安全，"智驭接驾"约车 App 与车载计算机即接驳车没有数据交互，"智驭接驾"约车 App 所需的所有数据都从"智驭接驾"约车平台获得。

互联网相关基础设施负责提供网络连接，本系统版本支持在室外 WiFi 和 3G/4G 环境下使用。基于云端服务的无人驾驶园区接驳系统所涉及的车联网的相关解决方案是，在指定园区接驳规划路线和预设接驳站点的基础上，实现场地无人驾驶接驳车的特定技术和特定功能。具体是，在指定与规划好的园区接驳线路上，设置若干接驳站点，乘车用户通过手持设备上的手机约车 App——"智驭接驾"扫描接驳站点处设置的站牌二维码，根据"智驭接驾"App 提示信息设置好乘车目的车站、同行人数等，将约车指令发给后台服务器，即"智驭接驾"约车平台，"智驭接驾"约车平台收到乘车用户服务请求后，根据上层车辆调度算法，指引一辆无人驾驶汽车响应乘车用户，驱车到达指定接驳站点去搭载乘客，并将乘客送至设定好的目的车站，完成接驳任务。完成接驳任务的无人驾驶汽车响应上层车辆调度继续接驳任务或回到停车场等待接驳任务。

手机约车系统以人工方式预设接驳路线，车站信息，并注册接驳车辆信息。一次完整接驳服务流程描述(见图 6.30)如下。

(1) App 进行登录(以手机号)并发送实时位置。
(2) 平台接收登录，并响应 App，发送用于构建地图的的车辆信息。
(3) 在 App 端完成上车/下车站点、乘车人数、生成订单等操作。
(4) 平台接收订单数据，调度车辆至上车站，返回确认并提供车辆实时位置。
(5) 用户依据 App 提供的信息，完成等车、登车、乘坐、下车的交互操作，App 与平台间进行数据确认。
(6) App 发送服务完成(或终止)至平台。
(7) 平台确认，任务结束。

4. 车辆调度与数据管理

所搭建云端运营管理系统如图 6.31 所示，提供车辆运营管理服务和车辆监控服务，提供通用接口，扩展兼容其他类型车辆，能够支持管理 1000 辆运营车辆和 1000 个用户，支持

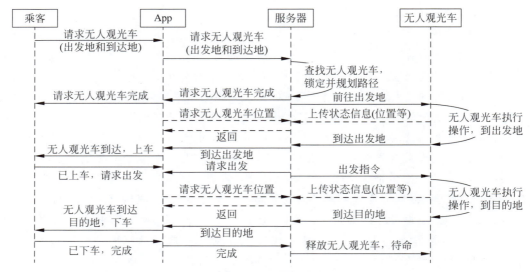

■ 图 6.30 接驳服务流程

实时处理 100 个并发运营任务。车辆数据主要分为即时数据上传和离线数据存储两部分。智能接驳车终端上开发数据采集模块，该模块用于收集智能车驾驶过程中产生的各种数据，包括感知数据、融合数据、决策数据、控制数据等，然后按照通信协议的对采集到的数据进行打包，通过 4G 网络将打包后的数据即时上传到云服务器平台。对于车辆数据同样支持离线数据采集功能。离线数据采集可以记录智能车在驾驶过程中产生的各种传感器的原始数据，这些数据按照双方约定的格式存储到本地硬盘，针对存储的离线 bag 文件，提供还原工具，支持数据还原。将存储的 bag 文件进行回放，并通过界面显示 bag 文件中存储的数据信息。

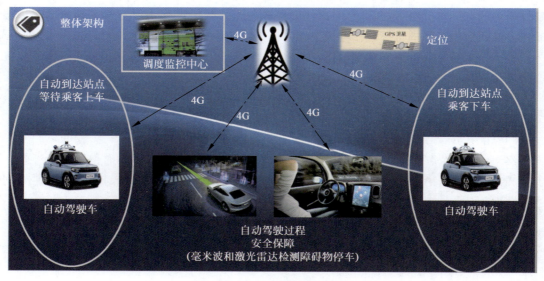

■ 图 6.31 云端运营管理系统

图 6.32 所示为后台数据监控图。

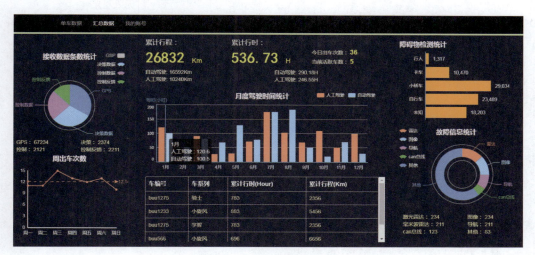

图 6.32　后台数据监控图

参考文献

[1] 李晨曦,张军,靳欣宇,等.激光雷达 SLAM 技术及其在无人车中的应用研究进展[J].北京联合大学学报,2017(04):61-69.
[2] 何英.小型无人机基于视觉的快速同时定位与制图算法[D].哈尔滨工业大学,2012.
[3] HD1080PYB 车载式高清无线图像传输系统[EB/OL].[2017].http://wenku.baidu.c.

图书资源支持

感谢您一直以来对清华版图书的支持和爱护。为了配合本书的使用,本书提供配套的资源,有需求的读者请扫描下方的"书圈"微信公众号二维码,在图书专区下载,也可以拨打电话或发送电子邮件咨询。

如果您在使用本书的过程中遇到了什么问题,或者有相关图书出版计划,也请您发邮件告诉我们,以便我们更好地为您服务。

我们的联系方式:

地　　址: 北京市海淀区双清路学研大厦 A 座 701

邮　　编: 100084

电　　话: 010-62770175-4608

资源下载: http://www.tup.com.cn

客服邮箱: tupjsj@vip.163.com

QQ: 2301891038(请写明您的单位和姓名)

用微信扫一扫右边的二维码,即可关注清华大学出版社公众号"书圈"。

资源下载、样书申请

书圈

扫一扫,获取最新目录